Autor:

LUIS GUILLEMO GARCÍA GARCÍA

VOLEIBOL CON "V"... DE VIDA

PARA TODA LA VIDA, SALUD Y DEPORTE

WANCEULEN
Editorial

WANCEULEN
EDITORIAL DEPORTIVA

©Copyright: Luis Guillermo García García

©Copyright: De la presente Edición, Año 2019 WANCEULEN EDITORIAL

Título: VOLEIBOL CON "V"... DE VIDA

Autor: LUIS GUILLERMO GARCÍA GARCÍA

Editorial: WANCEULEN EDITORIAL
Sello Editorial: WANCEULEN EDITORIAL DEPORTIVA

ISBN (Papel): 978-84-9993-966-7
ISBN (Ebook): 978-84-9993-967-4

DEPÓSITO LEGAL: SE 19-2019

Impreso en España. 2019

WANCEULEN S.L.
C/ Cristo del Desamparo y Abandono, 56 - 41006 Sevilla
Dirección web: www.wanceuleneditorial.com y www.wanceulen.com
Email: info@wanceuleneditorial.com

INTRODUCCIÓN

Las riquezas que surgen de la práctica de un deporte como el voleibol, contribuyen enormemente a mejorar la calidad de vida, en relación a la salud, integración social, recreación, recuperación, inclusión de sociedad. Al hablar de la salud, necesariamente hay que hacerlo también de la enfermedad, entendiendo que no son dos polos opuestos sino dos estados presentes en la vida, con un peso diferente en cada momento de la persona. Se tienen diferentes niveles de acción, como es la promoción de la salud: educando y estimulando a las personas y comunidades, orientando en hábitos que les permitan protegerse de diferentes factores de riesgo. Se debe velar por la prevención de las enfermedades, para lo cual se recurre a acciones tanto a nivel del individuo como del ambiente físico y social. El tercer elemento, que tradicionalmente ha hecho parte de la profesión ejercida a nivel del individuo, son las acciones de diagnóstico y tratamiento. El cuarto factor tiene que ver con la rehabilitación de aquellas personas que sufren las secuelas de una enfermedad. En quinto lugar, está la responsabilidad de velar para, que el ser humano, al terminar su ciclo biológico, tenga un proceso de muerte con el menor dolor posible, al igual que a aquellas personas que conforman el núcleo de los seres queridos. Pero estas acciones necesitan de herramientas, y una elección es la práctica del deporte en general, y el voleibol es una alternativa, de forma sana, recreativa y segura. En cuanto a la integración social, el voleibol provee, un lugar para aquellos, que no siendo de nivel competitivo, quieren ser agrupados en torno al voleibol, para jugar de forma divertida, sin compromisos exigentes, para aquellos, como adultos, tercerea edad, que han sido apartados para poder practicar deportes, para aquellos que solo quieren recrearse de forma casual, feliz y espontánea, para aquellos que necesitan ser recuperados físicamente el voleibol representa una actividad eficaz, correcta, sana y fácil de realizar, para los grupos de desplazados, discapacitados este deporte con sus nuevas alternativas puede acogerlos de manera integral, a la sociedad, con aceptaciones plenas de sus condiciones, y valoración de sus capacidades.

El voleibol es un deporte clásico que cumple (123) años de existencia, y que agrupa al mayor número de federaciones afiliadas oficialmente (220) al ente internacional (FIVB), y al tercer deporte en mayor número de practicantes en el mundo, con 998 millones de ejecutantes, según se desprende de una encuesta realizada en 204 países durante las Olimpiadas Londres (2012). Voleibol deporte que, al pasar los años, ha buscado siempre el mejoramiento del nivel deportivo, la masificación y que ha perdurado en el tiempo siempre como deporte de masas.

En esa búsqueda del mejoramiento continuo, el voleibol es también una alternativa de servicio a la salud de las personas que lo practican, este libro se fundamenta y se orienta hacia las posibilidades que ofrece esta práctica del voleibol, de forma segura, recreativa, adecuada a todas las comunidades, y personas del mundo.

Este libro mostrará como el voleibol posibilita al ser humano mejorar su salud, cómo el voleibol será una especie de medicina deportiva para las diferentes enfermedades que agobian a las personas; Cómo el voleibol es una actividad incluyente con todos, cómo el voleibol podrá brindar espacios de recreación y felicidad, siempre de forma alternativa al deporte de competencia y rendimiento.

Su propósito es ser libro guía de orientación a los profesores, profesionales, estudiantes, médicos, fisioterapeutas, para que complementen información importante en alternativas de salud, los beneficios de la práctica regular, orientada y de forma segura.

Actualización de modalidades diferentes del deporte del voleibol en espacios, recreación e inclusión social.

El voleibol es un aporte a la salud, recomendación sana de la vida, es un "medicamento deportivo" para la cura de algunas enfermedades. Y es que disponemos de una herramienta deportiva, que realizada de forma regular es esencial para nuestro funcionamiento óptimo, con ganancias en calidad de vida sana. Desde la ley del deporte emana una de las razones que hacen que el propósito del libro VOLEIBOL...CON "V" DE VIDA sea soporte para la comunidad del deporte, salud, estado que buscaran ante todo ser promotores de vida saludable y todo lo que ella implica. Quien a través del deporte con su práctica regular y segura promueve hábitos saludables, en los que la prioridad es el bienestar del ser humano y que mejor que esta alternativa, que beneficia notablemente el mejoramiento de la calidad de vida, en lo físico, mental y social.

ÍNDICE

1. QUÉ ES VOLEIBOL

Deporte con dos equipos enfrentados y separados por una malla, donde el objetivo es pasar el balón al terreno contrario y que este toque el suelo, contando cada equipo con un saque y tres golpes al balón.

El voleibol se practica siempre con objetivos y finalidades diferentes o con intereses orientados según lugares y momentos:

Voleibol de competición: donde su práctica tiene como objetivo final, el triunfo sobre el rival y la conquista de medallas, trofeos, dinero; está organizado por federaciones, confederaciones, ligas y clubes, con una clasificación a saber (FIVB):

- Voleibol para aficionados.
- Voleibol para rendimiento avanzado.
- Voleibol de élite mundial.
- Voleibol profesional.

Voleibol para la salud: el cual pretende y busca alcanzar un bienestar y equilibrio entre lo físico, mental y espiritual para una óptima calidad de vida, y puede estar practicado de forma popular en ambientes de ocio, recreación, en contacto directo con la naturaleza, en tiempos de vacaciones, para estrechar relaciones sociales, y en procesos de recuperación.

Es un deporte donde el contacto físico entre jugadores no se presenta; y cada equipo dispone de terreno de juego propio, dirigiendo el balón, al terreno contrario del rival, ejecutando fundamentos técnicos, enfocados a pasar la pelota sobre la malla con orientación directa hacia la superficie de juego contraria, utilizando solo tres toques o pases individuales. Al no existir contacto entre oponentes, le concede el beneficio de ser un deporte de poco trauma, choque, accidentes: lo que favorece los ambientes saludables.

Voleibol: deporte que nace y es creado por William G. Morgan, con la idea de ser practicado por personas que trabajaban todo el día, y que sirviera de medio relajante y recuperador, con la mezcla del tenis y el baloncesto de aquel entonces, practicado bajo los más altos principios de respeto, tolerancia, integración, recreación, y sobre todo con fines saludables.

Voleibol disciplina acogida por el Comité Olímpico Internacional, por sus valores, que son parte esencial del ser humano, como son solidaridad, esfuerzo y perseverancia. Deporte que libera diversión, compañerismo, y adherencia hacia su práctica regular, actividad que a través de los años, y por todos los continentes ha despertado su admiración y seguimiento.

2.   QUÉ ES LA SALUD

El concepto de salud según la Organización Mundial de la Salud tiene una definición concreta: «La salud es un estado de completo bienestar físico, mental y social, y no solamente la ausencia de afecciones o enfermedades.» La cita procede del Preámbulo de la Constitución de la Organización Mundial de la Salud, que fue adoptada por la Conferencia Sanitaria Internacional, celebrada en Nueva York del 19 de junio al 22 de julio de 1946, firmada el 22 de julio de 1946 por los representantes de 61 Estados (Official Records of the World Health Organization, Nº 2, p. 100), y entró en vigor el 7 de abril de 1948. La definición no ha sido modificada desde 1948. A partir de la década de los cincuenta, la OMS revisó esa definición y finalmente la reemplazó por esta nueva, en la que la noción de bienestar humano trasciende lo meramente físico. «La salud es un estado de completo bienestar físico, mental y social, y no solamente la ausencia de afecciones o enfermedades.» La cita procede del Preámbulo de la Constitución de la Organización Mundial de la Salud, que fue adoptada por la

Conferencia Sanitaria Internacional, celebrada en Nueva York del 19 de junio al 22 de julio de 1946, firmada el 22 de julio de 1946 por los representantes de 61 Estados (Official Records of the World Health Organization, Nº 2, p. 100), y entró en vigor el 7 de abril de 1948. Pero la OPS organización panamericana de la salud nos dice que la salud es un estado diferencial de los individuos en relación con el medio ambiente que los rodea. Al decir esto, se está dando la posibilidad a que un individuo con capacidades diferentes pueda encontrar un equilibrio entre su discapacidad y el desarrollo de actividades, y lograr una adaptación al medio ambiente en que vive. Por lo tanto, uniendo las ideas de la OPS y la OMS. Llegamos a la conclusión de que la salud es un estado de completo bienestar o equilibrio entre los factores físicos, psicológicos (mentales), sociales y medioambientales; y uno de los elementos fundamentales que hacen la calidad de vida.

La OMS, luego de caracterizar el concepto de salud, también estableció una serie de componentes que lo integran: el estado de adaptación al medio (biológico y sociocultural), el estado fisiológico de equilibrio, el equilibrio entre la forma y la función del organismo (alimentación), y la perspectiva biológica y social (relaciones familiares, hábitos). La relación entre estos componentes determina el estado de salud, y el incumplimiento de uno de ellos genera el estado de enfermedad, vinculado con una relación tríadica entre un huésped (sujeto), agente (síndrome) y ambiente (factores que intervienen).

Otro aspecto en el que se centra la caracterización de la OMS: es la organización de la salud pública. Con esto se hace referencia a todas las medidas que puedan tomarse desde los organismos del Estado para la prevención de dolencias y discapacidades, para la prolongación de la vida y para la educación de los individuos en lo que respecta a la higiene personal. Afirma la OMS que "la salud es parte de la responsabilidad de los gobiernos". En este sentido es mucho lo que se puede hacer, incluyendo la mejora de los hospitales públicos, el fomento a la iniciativa privada (que contemple que la salud es un derecho de todos los individuos), la promoción de la práctica regular de la actividad física, la protección del medio ambiente.

En el ámbito laboral, la OMS también se pronuncia al hacer referencia a la salud ocupacional. Con este término se entiende a la actividad que promueve la salud de las personas en sus ámbitos laborales. Tiene que ver con las condiciones físicas del trabajador, pero también con lo psicológico. A la hora de ingresar a un trabajo, las personas se ven sometidas a un examen de salud, pero los accidentes laborales, los movimientos repetitivos asociados a determinadas tareas, la exposición a condiciones perjudiciales o el estrés y la presión por parte de superiores pueden deteriorar sus condiciones. Para evitar esto es necesario que quienes contratan trabajadores lo hagan asegurándoles condiciones de trabajo adecuadas, enmarcadas en normas de seguridad, y también es necesario que el Estado, mediante sus organismos de control, propenda al cumplimiento de las leyes en este sentido. Hoy en día existen muchos planes (de medicina preventiva, de seguridad, de higiene) que tienen como objetivo preservar la salud de los empleados en su ambiente laboral.

La salud mundial según la OMS acusa los efectos de tres tendencias: envejecimiento de la población, urbanización rápida y no planificada, y globalización, cada una de las cuales se traduce en entornos y comportamientos insalubres. En consecuencia, la creciente prevalencia de las ENT y de sus factores de riesgo es ya un problema mundial que afecta por igual a los países de ingresos bajos y medios. Cerca de un 5% de la carga de enfermedad en adultos de esos países es hoy imputable a las ENT. Numerosos países de ingresos bajos y medios están empezando a padecer por partida doble las enfermedades transmisibles y las no transmisibles, y los sistemas de salud de esos países han de afrontar ahora el costo adicional que conlleva su tratamiento.

3. QUÉ RELACIÓN EXISTE ENTRE VOLEIBOL Y SALUD

Todo deporte, cuando es practicado, entrenado y competido de forma excesiva al límite máximo, provoca daños y perjuicios a la salud del deportista.

Por principio, el deporte no es sano en sí, sino que solamente es sano según como se practique (Rost).

Es aconsejable un voleibol para la salud, entendido como actividad física en un ambiente deportivo, en condiciones exclusivas de puro movimiento, de lo recreativo de lo incluyente, condiciones que promuevan espacios de salud; pues su aporte y beneficios serán de un gran valor a la calidad de vida.

El Voleibol puede mejorar la salud cuando es practicado activamente de forma regular, divertida. Un voleibol que busque en la persona la activación, el mantenimiento de lo físico, mental y espiritual. Un deporte del voleibol que sea incluyente con discapacidad, con la tercera edad, con la recuperación de enfermos.

La relación ente voleibol y salud debe ser estrecha, rutinaria, amigable y bien dirigida por los profesionales al mando.

La relación entre voleibol y salud debe ser orientada, enseñada por la academia para difundirla y promoverla en la comunidad. La relación entre voleibol y salud es sinónimo de mejor calidad de vida, sinónimo de bienestar, sinónimo de inclusión, porque la salud es vida y la vida es tiempo feliz.

Esta relación aporta placer de movimiento, el cual significa en lo físico y mental una irrigación de energía al individuo, que se traduce en el estar bien, activo y dispuesto frente al quehacer cotidiano de la vida, con la certeza del mejoramiento de la salud.

La práctica del voleibol incide en la ganancia de nuevas habilidades motoras: existentes, en poco uso, o nuevas, que permiten una riqueza adicional de movimiento, que promete a cada individuo el reconocerse su capacidad de mejora, de esfuerzo, y sobre todo de ganancia en salud.

La comunicación que desata la actuación del voleibol en el ser humana, es amable, franca, solidaria, y tolerante con el compañero, produciendo lazos comunicantes de amistad, ayuda y cooperación determinando que el individuo se sienta eficaz a la sociedad, ingrediente necesario que debe tener el ser humano que se sienta feliz y saludable mentalmente.

Dicha relación desarrolla en los practicantes la sociabilidad, deporte concebido para y por el conjunto, individuos que trabajan, cooperan por una causa común, que los une, con el fin de superar la meta, desarrollando en ellos el espíritu de lo social con aporte colectivo. Revertido en salud, en lo psíquico.

Aporta disponibilidad a la relación Voleibol-Salud, y es que este deporte necesita de varios para poder practicarlo, y aquel que lo ejecute está demostrando su grado de disposición a participar, a pertenecer, a ser, estar dentro del colectivo, lo cual incide de forma importante en su contribución sana de la actividad.

Esta práctica regular: aporta autoconfianza en la realización de cualquier movimiento, dando vitalidad al individuo de los alcances que se pueden desarrollar en el juego del voleibol, estas vitalidades de movimiento son la fuerza que supera los estados pasivos del individuo, y que lo estimulan a seguir activándose, provocando mejoras en salud.

La relación aporta a la mejora postural, fundamental en los procesos de prevención, higiene, recuperación de los individuos practicantes del voleibol.

Aquellos que practican el voleibol, mejoran el tono muscular, manteniendo activa la relación existente entre el voleibol y salud, y todo lo que conlleva para el individuo en la estructura, orgánica este aspecto a nivel celular, muscular y óseo.

Nuestra relación se ve enriquecida en lo que ataña a la eliminación del estrés, factor preponderante en la calidad de vida del ser, este deporte logra efectos positivos sobre el equilibrio y desempeño mental, alejando preocupaciones, rigores, dificultades de la persona.

Los participantes en este juego, notaran como sus tiempos de descanso y recuperación serán más positivos, placenteros y renovadores, contribuyendo notablemente a su salud.

La autoestima del individuo engrandece la relación, pues su aporte a la salud se ve reflejado en términos de superación, valor y reconocimiento propio de sus cualidades.

En la práctica real se puede verificar por los practicantes, que existe la distracción, tanto de los problemas externos de la vida, como la distracción positiva que lleva por momentos a viajar a otro mundo lleno de acciones motrices. Que aportan a la salud física y mental de ellos.

Un juego de voleibol, produce la liberación de emociones, las cuales deben salir, y ser expresadas, esa libertad, será puntos a favor de lo mental en bien de la salud.

El sentimiento de seguridad adquirido en la práctica del voleibol, fomentara en el individuo bases de comprensión y aceptación de su cuerpo, de las posibilidades de movimiento alcanzadas y por lograr y descubrir, en complemento a la mejoría de la salud.

Por ultimo, esta relación se ve soportada en el aumento del rendimiento personal, visible y notable a medida que se avanza en su práctica regular, fortaleciendo la calidad de la salud.

El voleibol visto como un estilo de vida saludable, contiene estos aportes a la salud, desde luego con una práctica regular, segura y bien orientada.

4. FISIOLOGÍA DEL VOLEIBOL

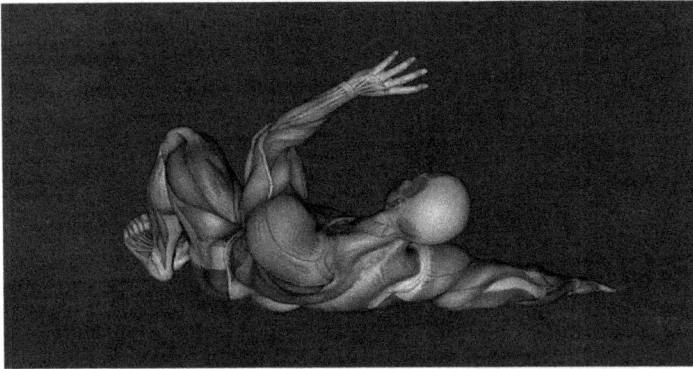

El cuerpo humano como consecuencia de la actividad física regular, presenta en sus diferentes sistemas modificaciones fisiológicas y funcionales que denominamos adaptaciones, las cuales van a permitir por una parte a prevenir o retrasar la aparición de determinadas enfermedades y por otra parte a mejorar la capacidad de realizar un esfuerzo físico.

Este deporte facilita el desarrollo del individuo desde el aspecto biopsicosocial, esto incluye la práctica de diferentes grupos que realizan actividades deportivas, de educación física, recreativas, sociales, terapéuticas, hasta el atleta de élite.

Según el volumen de la masa activa muscular implicada en el movimiento se clasifica en global (Zatciorski V). Donde se utilizan miembros superiores e inferiores al mismo tiempo.

Según el tipo de contracción muscular se clasifica en dinámico: con los dos tipos de contracciones concéntrica y excéntrica, es decir, aquellas contracciones en las que el musculo se acorta (concéntrica) o se alarga (excéntrica).

Según la relación de las características "velocidad- fuerza" de la contracción muscular, se clasifica en velocidad-fuerza (Cruz J).

El voleibol es un deporte de muchos momentos, tiempos, ritmos, velocidades y pausas, donde hay descansos y acciones mezcladas, donde intervienen los fenómenos bioquímicos de forma clara y evidente. Deporte con características notables como la fuerza y la rapidez, muy visible en momentos cuando se trata de anticipar y reaccionar a las acciones del contrario, que describen muy bien este deporte. Voleibol es sinónimo de velocidad y dinamismo, pero los partidos son de duración media-alta y de potencia moderada. Se caracteriza por la fuerza y rapidez variable, ya que se hace difícil anticiparse con antelación a las acciones del contrario, es un juego dinámico y según el volumen de masa muscular global participan en las acciones de juego más de la media del total de la masa muscular.

El Voleibol tiene una duración mediana a prolongada y no determinada, ya que se juega por tantos y set y no por tiempo, puede durar de 45 minutos a 2 horas, por lo que se puede decir que se encuentra en una zona de potencia moderada, en constantes cambios de movimientos, en el cambio de la defensiva a la ofensiva, con diversas variaciones de las vivencias del juego, así como de las posiciones en el terreno. Existe una gran necesidad de las respuestas rápidas frente a las acciones del compañero y contrarios, así como los movimientos veloces del balón. La vía que predomina es la aerobia, de moderada potencia, intensidad y larga duración, donde se produce energía ilimitada, con abundante suministro de oxígeno, utilizando como sustrato energético principal los lípidos y en menos medida la glucosa en sangre, la deuda de oxígeno puede llegar hasta los 4 o 5 litros o sea es pequeña, existe presencia de ácido láctico en sangre que se elimina por el sudor y la orina, la sudoración es intensa y la pérdida de peso puede llegar a ser de 1kg a 3kg, un gasto general de 10000 KCAL, la frecuencia cardiaca se encuentra alrededor de las 170 pulsaciones por minutos ya que el trabajo del corazón aumenta pero no al máximo, la recuperación pos juego se produce a más de doce horas en algunos casos.

El voleibol no solo se juega en condiciones aeróbicas, sino que en determinadas acciones de juego aumenta la intensidad y al aumentar la intensidad del ejercicio cambia la vía de re síntesis de ATP, por lo que el sistema de recarga de oxígeno deja de brindar la cantidad de energía que exige el musculo, esto requiere suministro de energía para complementar las demandas energéticas, dando lugar a condiciones anaeróbicas, donde se produce energía limitada, con déficit de oxígeno, que permite la realización de ejercicios de potencia máxima y su máxima, con elevada intensidad y corta duración . Esto es lo que se conoce como umbral del metabolismo. Esta mezcla permite que las pulsaciones se encuentren en un rango entre los 165 a 170 pulsaciones por minutos dando respuesta a las demandas energéticas en un sector de trabajo mixto aerobia- anaerobio.

Un jugador de Voleibol necesita discriminantemente el metabolismo de fosfágenos (Fritzler, 1994), orientados en acciones de fuerza explosiva o balística, como el bloqueo y remate.

La glucólisis es una fuente de energía utilizada en voleibol, pero disminuye escalonadamente más rápido en partidos de larga duración, esto por consideraciones que dicen que la síntesis de glucógeno muscular durante los períodos de pausa y reposo es baja.

Las acciones de una práctica de voleibol están condicionadas por el sistema nervioso. La usual acción motora que realiza el humano y su correcta ubicación en el espacio, es posible gracias a la capacidad del sistema nervioso central que se caracteriza por la formación de nuevas relaciones temporales de carácter reflejo condicionadas a la sucesión de nuevas acciones motoras. Lo que podría describirse como un beneficio sensomotriz, en cuanto al equilibrio, posición y su reacción coordinada. La variabilidad de jugadas y cambios que suceden en una acción, producen las adaptaciones del sistema nerviosos central ante la decisión a tomar por el practicante, otro beneficio más que aporta este deporte, activando y disponiendo el SNC. El voleibol con sus movimientos variables y veloces, predisponen a un trabajo de anticipación llamada proceso mental, y los movimientos de respuesta a ese estimulo es lo que conocemos como velocidad de reacción o proceso motor, en el partido dichas respuestas se incrementan ya que el atleta debe evaluar con rapidez y decisión las acciones del contrario y valorar adecuadamente el estado del juego para regular con exactitud los esfuerzos que debe realizar. Es importante en voleibol distinguir las anteriores respuestas, anticipación y velocidad de reacción, donde la primera es una solución mental del estímulo y la segunda es la solución motora a un balón que tiene una velocidad muy alta.

Al practicante de voleibol le ocurren adaptaciones en el sistema circulatorio en una acción determinada, que está formado por el corazón y los vasos sanguíneos, el flujo sanguíneo es lo suficiente para elevar el gasto cardíaco hasta cinco veces más y en un juego puede llegar hasta 6 o 7 veces su valor normal. La frecuencia cardíaca refleja la intensidad del esfuerzo que debe hacer el corazón para satisfacer las demandas incrementadas del cuerpo cuando esté inmerso en una actividad. El volumen sistólico cambia considerablemente durante el ejercicio para garantizar que el corazón funcione más eficazmente (en reposo es de 60 – 80 ml). Este aumenta con ritmos crecientes de esfuerzos, pero solamente hasta intensidades de ejercicio de entre

40% y 60% de la capacidad máxima en que el volumen sistólico se estabiliza y está determinado por cuatro parámetros: volumen de sangre venosa que regresa al corazón; capacidad de agrandar los ventrículos, contracción ventricular y tensión arterial aórtica o pulmonar: los dos primeros influyen en la capacidad de llenado de los ventrículos, los dos últimos influyen en la capacidad de los ventrículos para vaciarse. Como aumenta la frecuencia cardíaca y el volumen sistólico durante el ejercicio, también aumenta el gasto cardíaco para satisfacer la demanda creciente de oxígeno de los músculos, la tensión arterial sistólica se comporta diferente a la diastólica durante el ejercicio, la presión arterial sistólica aumenta con la intensidad del ejercicio, oscilando entre 120-180 latidos por minuto. Este aumento es por consecuencia del gasto cardíaco, que ayuda a conducir rápidamente la sangre a través del sistema cardiovascular. La tensión arterial determina la cantidad de fluido que abandona los capilares entrando en los tejidos suministrando oxígeno y los nutrientes necesarios. La tensión arterial diastólica no aumenta significativamente durante la práctica.

En el entendido de un jugador recreativo de voleibol en medio de una acción circunstancial. En el sistema respiratorio se debe tener en cuenta que todos los volúmenes y capacidades son de un 20% a un 25 % menor en las mujeres que en los hombres. En jugadores de más altura y mayor condición física, la capacidad pulmonar es mayor, que en personas pequeñas y cansadas. Varía con la posición del cuerpo, esto es debido a la tendencia del contenido abdominal al hacer presión hacia arriba contra el diafragma. En general el volumen pulmonar y la capacidad de los pulmones cambian la capacidad vital; aumenta moderadamente, y al mismo tiempo el volumen residual muestra una ligera reducción.

La frecuencia respiratoria después del partido de voleibol suele bajar en reposo, esta reducción es pequeña y probablemente refleja una mayor eficacia pulmonar producida por el entrenamiento o la rutina continua que mantenga el practicante, no obstante, la frecuencia respiratoria incrementa generalmente con niveles máximos de ejercicios después del juego o práctica de la resistencia aeróbica. Durante el juego de voleibol se induce también a cambios en la función mitocondrial que mejore la capacidad de las fibras musculares para producir ATP a través de la oxidación dependiendo del número, tamaño y eficacia de las mitocondrias musculares.

Frecuentemente la aplicación de la fuerza durante una acción en voleibol es ejecutada de forma dinámica, explosiva y repetida. La fuerza y la potencia de brazos y piernas en el transcurso del juego de voleibol, es influenciada directamente por lo inesperado, por la velocidad, cambios de dirección del balón. La fuerza en el remate es un claro ejemplo de lo anterior, condición prioritaria en cada jugador.

La resistencia muscular es la capacidad para aplicar fuerza submáxima de forma repetitiva, ejemplo de esto es los saltos al bloqueo o remate, o las carreras repetidas en defensa.

La duración de los partidos de voleibol exige en muchos casos la resistencia muscular localizada. La acción en voleibol inicia con la contracción muscular, y su eficacia y coordinación dependen del número de las unidades motoras que intervienen. Las células de las fibras musculares actúan en función de generación y conducción de la excitación que depende de un estímulo que capta un receptor. Frecuentemente la aplicación de la fuerza durante la práctica de voleibol se aplica de forma dinámica, explosiva y repetida. La fuerza y la potencia de piernas determinan como se realizan las acciones explosivas en voleibol, así, el remate, los golpes, la velocidad y la agilidad para acelerar y cambiar rápidamente de dirección, se mejoran por el aumento de la fuerza. La fuerza de brazos es importante en el control de los remates, bloqueos y levantada del balón, mientras que la fuerza total lo es en el mantenimiento de la posición de flexión al salto.

La resistencia muscular es la habilidad para aplicar fuerza su máxima de forma repetida. La resistencia muscular local ocurre en los músculos que trabajan de forma específica. Los desplazamientos y los saltos continuos que requiere el voleibol resultan en beneficio de la resistencia muscular en las extremidades inferiores.

Movimientos permitidos por la cintura escapular

- Elevación: propulsión de brazos en saque, remate y bloqueo.
- Depresión: defensa de saque y remate.
- Ante versión: en el pase colocación, en el toque y en el bloque.
- Retroversión: en la propulsión del salto al remate.
- Aducción: en la defensa de campo.
- Abducción: en el bloqueo.
- Rotación externa abajo y afuera: en defensa de saque y de campo.
- Rotación interna abajo y adentro: en defensa de saque y de campo.

Movimientos permitidos por brazo y antebrazo

- Ante versión: en la acción de colocación, bloqueo y remate
- Retroversión: en ataques de zaguero, en propulsiones de saltos.
- Rotación interna: en la recepción.
- Rotación externa: en la recepción.
- Aducción: en el pase colocación, apoyos y toques.
- Abducción: desplazamiento en el bloqueo
- Supinación: en el pase colocación.
- Pronación: en el pase colocación, y la recepción.

Movimientos permitidos por la mano

- Flexión dorsal y palma: para el pase, apoyo y toque
- Aducción cubital: para el pase colocación
- Abducción cubital: para el pase colocación, levantada
- Circonducción de la mano: pase colocación, toque
- Flexión y extensión de las falanges: pase colocación
- Oposición del dedo pulgar: pase colocación
- Abducción del dedo pulgar: pase colocación
- Aducción del dedo pulgar: pase colocación
- Circonducción del dedo pulgar: pase colocación.

Cambios en músculo

- Aumenta la capacidad del sistema de los fosfágenos.
- Aumenta la actividad de las enzimas.
- Aumenta la capacidad de producción de glucosa.
- La obtención de lactato disminuye, producto del entrenamiento aerobio.
- Aumenta el trabajo de proteínas como la miosina y actina.

Cambios en sangre

- Aumenta la producción de ácido láctico.
- Aumenta los niveles de glucosa.
- Aumenta la cantidad de sangre circulante.
- Hay alteración en las concentraciones de hormonas.
- Aumenta el número de plaquetas y leucocitos.
- Aumenta la hemoglobina como principal transportador del oxígeno.
- Aumenta el número de eritrocitos (glóbulos rojos).
- Disminuye la concentración de ácido láctico.

Cambios en orina

- Aumenta la eliminación de creatina.
- La diuresis puede aumentar con acción intensa y corta.

Adaptaciones Cardiovasculares con la práctica del voleibol.

Aumenta el volumen sistólico o la cantidad de sangre que impulsa el ventrículo izquierdo en cada contracción. Esta depende de la sangre que llega al corazón y de la fuerza de la impulsión.

Disminuye la frecuencia cardiaca o número de latidos en unidad de tiempo: Se provoca una aceleración del corazón que varía con el individuo y depende de la intensidad del ejercicio y del estado de entrenamiento.

Aumenta la tasa de hemoglobina que tiene como misión fundamental el transporte de oxígeno a los tejidos, posee gran capacidad de fijación de oxígeno y es la que confiere color rojo a la sangre.

Adaptaciones respiratorias con la práctica del voleibol.

Mejora la capacidad pulmonar máxima, esto es, la cantidad máxima de aire que ventila el pulmón no se puede expulsar en una sola expiración aunque esta sea forzada, siempre hay un volumen residual.

Aumenta el volumen de aire corriente (cantidad de aire que entra y sale), el pulmón se ventila por una serie de expiraciones. El aire que entra se mezcla con el que está, entonces es renovado mediante el proceso de expiraciones.

Mejora la capacidad vital de los pulmones, que es el resultado de la suma del volumen corriente, el volumen inspiratorio de reserva y el volumen espiratorio de reserva.

Mejora la velocidad de difusión del aire en los pulmones, tiempo que tarda el oxígeno que ha penetrado en los alvéolos y pasa a la sangre a través de las distintas capas por un proceso de difusión influido por las leyes físicas y por las características de las membranas. Es decir, el proceso de intercambio se realiza por las presiones parciales del proceso del oxígeno y del dióxido de carbono y por el coeficiente de absorción de las membranas

Adaptaciones metabólicas y hormonales con el juego de vóley.

El desarrollo de las cápsulas suprarrenales produce la cortisona que actúa sobre los hidratos de carbono, la adrenalina y la noradrenalina que tiene su importancia en la regulación de las funciones neurovegetativas. La adrenalina y la noradrenalina determinan el aumento de la presión sanguínea por constricción de los vasos. También actúan sobre el hígado para canalizar el glucógeno y transformarlo en glucosa.

Adaptaciones en el músculo practicando voleibol.

Aumenta la circulación en los músculos este tiene un principio de autorregulación. Los músculos tienen necesidad de gran cantidad de sangre que puede aumentar de un 8% a un 70 %. A esto se la llama sistema de regulación. Los músculos reciben sangre a través de la arteria que termina en redes capilares que rodean las fibras musculares. Los ajustes circulatorios durante los ejercicios están en función de la actividad muscular

5. EFECTOS DE LA PRACTICA DEL VOLEIBOL EN ENFERMEDADES

5.1 CARDIOVASCULARES

Este proceso inicia en la infancia y continua en la juventud, producto de la poca actividad física, hábitos perjudiciales y alimentación, desencadenan la enfermedad que es imperceptible a la vista normal, solo eventos como el infarto, apoplejía, serán observables como efectos reales.

Los efectos de la práctica del voleibol, están orientados a la individualización de cada paciente practicante, la utilización de los porcentajes fijos de frecuencia cardiaca conducen en muchos ocasiones a resultados insuficientes en cuanto a la intensidad de trabajo y la búsqueda de adaptación benéfica del ejercicio. Estará condicionada la intensidad de práctica, al umbral de isquemia, es decir la intensidad de trabajo a la cual aparecen los signos clínicos y o eléctricos de isquemia miocárdica. Pero muchas veces es difícil la individualización de las cargas debido a la falta de medios, ahí es donde el voleibol tiene un efecto positivo, pues su carga es moderada y de baja intensidad.

Con respecto al gasto energético total, para conseguir detener la enfermedad coronaria, es suficiente con un mínimo de 1.600 Kcal a la semana de práctica regular, mientras que para conseguir su regresión, el gasto energético debe ser de 2.200 Kcal por semana (Franklin, 2003).

Hoy día el trabajo de fuerza está indicado para estos pacientes con cardiopatía. Las practicas combinadas de trabajo aeróbico con fuerza son más efectivos que los aeróbicos exclusivos, a la hora de mejorar la fuerza muscular y de modificar la composición corporal de los pacientes con esta patología (Pierson, 2001, Santa Clara, 2003).

La práctica del voleibol beneficia esta enfermedad, pues su alto componente de trabajo cardiorrespiratorio con moderada intensidad de trabajo, duración mediana y de practica regular, pueden ser un excelente estímulo para desarrollar niveles elevados de aptitud física. En concordancia con la adherencia que producen el practicarlo entre tres (3) y cinco (5) veces por semana. El objetivo de la práctica del voleibol es conseguir adaptaciones fisiológicas en el organismo que proporcionen una mejora de la capacidad funcional global del sujeto (mejora del umbral anaeróbico y del VO2).

Su efecto reduce la frecuencia cardiaca basal y a intensidades submaximas, no está claro que se produzca adaptaciones sobre el miocardio lesionado, aunque algunos autores defienden que el ejercicio crónico provoca una mejora de la perfusión por aumento de la capilarización miocárdica. También se ha demostrado un ligero aumento de la fracción de eyección en reposo en estos pacientes, no lo mismo durante la práctica del ejercicio, con la práctica regular pues se mejora el VO2 Max desde un 10 al 30%, donde la mejora de la capacidad aeróbica reside, fundamentalmente, en la mejora del sistema de extracción. Transporte y utilización de oxígeno, aunque también se ha descrito una mejora del gasto cardiaco durante el ejercicio, gracias a un aumento de la frecuencia cardiaca y del volumen sistólico (Clausen, 1970).

La frecuencia cardiaca es afectada ciertamente por la práctica del voleibol, la actividad física tiene un efecto positivo sobre la recuperación de la frecuencia cardiaca (Tiukinhoy, 2003).

El voleibol previene la enfermedad cardiovascular, en personas, adultas y jóvenes con esta tendencia, pues el voleibol aportará muy seguramente la adhesión a este deporte, que despierta total simpatía y agrado en su práctica voluntaria. Y que este deporte produce: diversión, integración social, competencia, un medio de mejoramiento de la capacidad física, manejo de destrezas, superación y autoconfianza, elementos que mantendrán la adherencia y la motivación constante.

Es importante que este tipo de pacientes realicen su juego de vóley todos los días e intercalar el ejercicio con periodos de descanso para su recuperación. Se puede comenzar por periodos de 20 minutos al día, con el objetivo de aumentar hasta 40-60 minutos por práctica al día. Esta práctica deportiva aumenta el "colesterol bueno" y elimina el "malo", disminuye la presión arterial, ayuda a controlar la diabetes, reduce la inflamación de las arterias y evita los coágulos de sangre, colabora en el mantenimiento del peso corporal adecuado y mejora la salud del corazón. Excelentes motivos para no demorarse en comenzar en practicarlo.

5.2 HIPERTENSIÓN. HA

Es considerada desde el siglo XVII como una enfermedad por sí misma, la hipertensión arterial debe además ser considerada como un importante factor de riesgo cardiovascular, que supone un serio problema de salud pública en el planeta, los personas con HA, se enfrentan a un mayor riesgo de aparición de lesiones vasculares en el sistema nervioso central y riñón, mayor riesgo de fracaso cardiaco y renal, y de cardiopatía isquémica, y en definitiva a una esperanza de vida más reducida.

En 1991, la OMS y Liga Internacional de HA elaboraron un método definido para la utilización del ejercicio como medida antihipertensiva, con recomendación explicita de realizar ejercicio físico, como la práctica del voleibol, de forma regular incluso los sujetos con valores óptimos de TA (meno120/80 mmHg), para prevenir el desarrollo de HA y sus complicaciones cardiovasculares. Por tanto, aunque por el momento los mecanismos de actuación del ejercicio sobre los valores de TA no están del todo claros, parece haber consenso general sobre su utilidad en el tratamiento y prevención de la HA. Además del ejercicio físico, una reducción en la ingestión calórica y por tanto en el peso si existiera obesidad, en la ingesta de sal, la cual provoca la acumulación de agua en el cuerpo y produce el aumento en el valor sanguíneo, terminando en la elevación de la TA. El tabaquismo por el cual la nicotina penetra en las vías sanguíneas aumenta la frecuencia cardíaca a través de la liberación de las hormonas del estrés o rendimiento (adrenalina y noradrenalina). Cuando se fuma un solo cigarrillo, produce el aumento pasajero entre 10 y 20 latidos de la frecuencia cardíaca y al aumentar el bombeo del corazón se produce un incremento de la TA. Y los efectos del tabaquismo cuando la persona ha fumado largo tiempo, a largo plazo se producen daños severos en las paredes internas de los vasos, justificando la aparición de la arterioesclerosis de rápida progresión, es por esto, que se debe abandonar el tabaco para prevenir la HA, y cambios en el estilo de vida dirigidos a evitar situaciones de ansiedad o mayor tensión emocional, integran el conjunto de recomendaciones previas al tratamiento farmacológico.

Las causas de su aparición se desconocen con exactitud, pero si hay factores responsables. Los primarios, como la predisposición genética son notables, ya que aparecen desde la infancia, a edades tempranas.

Otro factor determinante en grado notable es el sobrepeso, en el cuerpo cada kilo de peso de más que se tiene, hace que el corazón tenga una carga adicional, en el bombeo para todo el organismo. De allí que la práctica del voleibol beneficie la pérdida de peso, que supone una descarga para el bombeo del corazón. Una adherencia al voleibol contribuirá a que por diez (10) kilos de menos en el cuerpo, la presión arterial disminuirá en 20 mm Hg de la tensión sistólica y la diastólica en 20 mm Hg, sin medicamentos y sin ninguna intervención médica.

Finalmente se encuentra la ingestión de alcohol de forma desmesurada, ya que el alcohol contiene en cada gramo unos 7,3 kcal que conducen al aumento de peso, y al aumento de la presión arterial.

En la práctica del voleibol, intervienen ejercicios de tipo estático y dinámico o mixtos que disminuyen las resistencias periféricas que tienden a atenuar el efecto producido por el aumento en el gasto cardiaco, haciendo que por lo general la elevación en la TA media sea solo moderada.

El juego de voleibol continuo y regular produce en el organismo una serie de adaptaciones funcionales y morfológicas que dependen de la intensidad, duración, del mismo que se ven influenciadas por otros factores entre los que hay que resaltar las características cine antropométricas del practicante y determinados factores genéticos. Estas adaptaciones van a aumentar la capacidad de transporte de oxígeno a las células mediante el incremento del gasto cardiaco y la adaptación del sistema vascular periférico. Su práctica pues mejorara en disminución de la frecuencia cardiaca. El voleibol es un deporte de grandes grupos musculares en desplazamiento, velocidad, salto, lo que beneficiará la regulación del sistema cardiovascular.

En el caso de hipertensión persistente, deberá someterse a una exploración realizada por un cardiólogo o médico deportólogo, donde se explore el comportamiento de la tensión arterial en movimiento y esfuerzo.

5.3 EL COLESTEROL

Aumento notable y considerable de diversos lípidos y sustancias portadoras en la sangre. Los más importantes son el colesterol y triglicéridos. Y considerado un factor de riesgo para la formación de la arterioesclerosis y enfermedades cardiovasculares. La composición del colesterol es perjudicial y beneficiosa en parte. Existe dentro de su estructura un colesterol identificado como LDL conformando placa llamada ateroma y que va directo a engrosar las paredes de las arterias. También lo compone el colesterol identificado como HDL o bueno que actúa como un limpiador del colesterol malo, realizando un barrido en proporciones equilibradas del LDL, pero este colesterol solo es producido por un medicamento llamado ejercicio, con trabajo aeróbico de baja intensidad y prolongada.

Funcionan los dos anteriores de la siguiente forma: el LDL penetra con facilidad en las paredes de los vasos y se amarra y guarda allí los lípidos, provocando un taponamiento de los vasos arteriales. Y su antagonista o el rival el HDL, remueve, barre, el colesterol malo acumulado en las paredes, con la actividad de unas enzimas catabolizantes de los lípidos, permitiendo evacuar con mayor velocidad los lípidos en sangre.

La producción de colesterol malo o LDL depende también de algunos factores a saber:

- Genética o predisposición hereditaria familiar.
- Estado hormonal.
- Dieta inadecuada.
- Peso corporal.
- Nivel de actividad física.
- Hipertensión.
- Tabaquismo.
- Diabetes.
- Edad.
- Estrés psicosocial.
- Sobrepeso.

La práctica del Voleibol disminuye los niveles de colesterol, pues es un deporte de intensidad baja y larga duración, contiene fuerza y resistencia. Y sería prescrito para realizar entre 3 y 5 veces por semana, buscando adaptación. La duración óptima sería de 20 a 30 minutos, ideal con el voleibol y sus duraciones promedio de juego recreativo. Recordando que el metabolismo de las grasas inicia su eliminación o necesidad de energía producida por las grasas más o menos después del minuto 20 y cuando se realiza resistencia o larga duración en el voleibol, se puede disponer de la ayuda del colesterol HDL que es el que protege el corazón y los vasos. Todo lo anterior con dependencia directa de una alimentación baja en grasa y poco calórica. Es así que el Voleibol y la dieta son condiciones para reducir el colesterol.

5.4 LA OBESIDAD

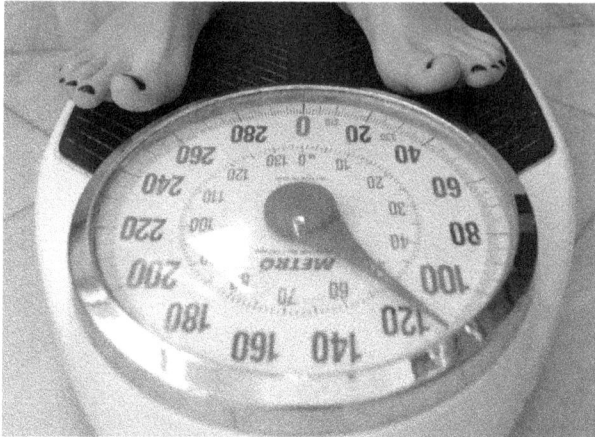

La obesidad indica un exceso de grasa corporal (Flier y cols., 1998). Considerada hoy día como enfermedad, con tal riesgo que por la misma se producen enfermedades que influyen sobre la salud y esperanza de vida de forma determinante, su prevención ocupa en el mundo una de las preocupaciones y acciones más agresivas. El tejido graso representa el mayor depósito de energía del cuerpo, acumulándose en forma de triglicéridos. En un sujeto sano con el peso corporal equilibrado, cada día se hidrolizan y sintetizan unos 200 g de triglicéridos de ese depósito general. Pero el tejido graso, además de ser depósito de energía es un importante órgano secretor.

El método más sencillo y extendido para el diagnóstico de la obesidad es el cálculo del Índice de Masa Corporal (IMC) (Gil y cols., 1998; NIH, 1998), que es el cociente entre el peso corporal (en kg) y la estatura, en metros, elevado al cuadrado.

$$IMC = PESO\ (Kg) / ESTATURA\ (m)$$

Se considera como normal un IMC de entre 18,5 y 24,9 kg por m, aunque existe cierta flexibilidad a la hora de relacionar este con el nivel de salud. Y el sobrepeso considerado entre 25 y 29, 9 y obesidad por encima a 30.

La actividad física y por ende la práctica del voleibol regular, de manera inversa al sedentarismo, permite un adecuado control del peso y de la masa grasa al incrementar el consumo energético diario durante el ejercicio en sí mismo y por un cierto tiempo después.

El objetivo primario del tratamiento de la obesidad consiste en la actuación sobre las dimensiones corporales, es decir la reducción del peso corporal, del IMC y de la grasa. La consecuencia de este efecto primario se relaciona con los efectos que se producen sobre los indicadores de salud: mejora de la presión arterial, control de la glucosa, o el perfil lipídico (Miller 2001).

En un principio, el tratamiento de la obesidad es simple, ya que consiste en desequilibrar la balanza a favor del consumo energético, es decir, consumir más calorías de las que se ingieren.

Se pretende que practicando el voleibol, el tratamiento busque perder el 10% del peso corporal en los primeros cuatro o seis meses, para luego analizarlo y hacer un mantenimiento adecuado a las circunstancias, lo que equivale a 0.5 y 1 kilo por semana. Además, el ejercicio físico regular es la mejor garantía para el mantenimiento a largo plazo del peso adecuado (Votruba y cols., 2009)

Es importante diferenciar aquí, que el sobrepeso es un factor de riesgo de esta enfermedad y otras como la diabetes, hipertensión, arterosclerosis.

La duración de su práctica recomendada hoy día es de 30 minutos durante 5 días (ACSM, 2009) con una intensidad moderada,   que está basada en los efectos de la práctica, sobre las patologías cardiovasculares y otro tipo de enfermedades asociadas a la obesidad.

Esta ha sido interpretada como un mínimo de 150 minutos de práctica a la semana.

Por otro lado, el juego de voleibol brindara beneficios notables a la población con obesidad, Y es que los trabajos de fuerza realizados aquí aumentan la masa libre de grasa, fuerza muscular y potencia, y por ello podría ser una alternativa efectiva en la pérdida de peso graso con la mezcla asociada a la disminución de ingesta calórica.

5.5 LA DIABETES MELLITUS (AZÚCAR EN LA SANGRE)

Es una problemática o dificultad en la asimilación de los hidratos de carbono, estos son todas las posibles formas de azúcares simples y compuestos de la cadena alimentaria. Para que el azúcar ingerido pueda introducirse en la célula, el ser humano necesita una hormona especial llamada insulina. Esta se produce en el páncreas y es vigilante del azúcar para que penetre hacia la pared celular y esté lista para el metabolismo energético del cuerpo. Por esto es que la insulina es un controlador del nivel de azúcar en sangre.

Existen dos tipos de diabetes, la I y II.

La diabetes tipo I llamada juvenil, pues es padecida desde la infancia por causas inmunológicas, esta originada, principalmente, por una destrucción autoinmune de células beta del páncreas, dedicadas a la producción de insulina, o por trastornos no autoinmunes. La tasa de destrucción es muy variable. A veces se asocia a otras enfermedades autoinmunes (Chowdhury y cols., 1999).

La diabetes tipo II o llamada del anciano, se caracteriza por un fenómeno de resistencia a la insulina, asociado con un defecto secretorio de la hormona. Por lo general, no precisan insulina para su tratamiento. Las causas no son bien conocidas y seguramente son múltiples, aunque parece que no tienen relación alguna con procesos autoinmunes. Suelen tratarse de sujetos obesos, con sobrepeso, o con incremento de la grasa abdominal. El riesgo de sufrir dia, la hipertensión arterial y las dislipidemias tipo 2 aumenta con el sedentarismo, la obesidad, la edad

Las células tienen una característica que es la sensibilidad a la insulina, entonces la falta de ejercicio, la sobrealimentación y sobrepeso reducen aquella sensibilidad, Esta es la más frecuente en todos los casos con una afectación del 90%.

La diabetes es responsable de múltiples enfermedades en el organismo y desencadena la arterioesclerosis por el trastorno en la asimilación del azúcar en la célula, permitiendo que el LDL aumente y el HDL disminuya.

La diabetes influye en la aparición del hígado graso, lesiones en el sistema nervioso central, hipertensión, síndrome metabólico, complicaciones en riñones y ojos. La falta de azúcar disminuye la capacidad del sistema inmunológico, con lo cual las defensas frente a las enfermedades disminuyen notablemente. La diabetes afecta las enfermedades cardíacas y coronarias.

Las ayudas más efectivas contra la diabetes son la alimentación correcta que consiste en el balance entre la ingesta y la quema de energía, impidiendo sobe todo el sobrepeso y se puede lograr teniendo precaución con dulces, chocolate, pastelería, bebida alcohólicas, no a las comidas copiosa, si a las comidas pequeñas, repartidas en el día.

Está ampliamente reconocido el papel beneficioso de la práctica deportiva sobre la diabetes, estando considerada con la medicación y la dieta como parte del tratamiento tanto en la diabetes tipo 1 como en la del tipo 2, y por esta razón se debe prescribir y fomentar como se realiza en la población general.

Otro beneficio fundamental que provee su práctica es que mientras en el diabético tipo I debe suministrarse la inyección de insulina diaria, en el tipo II la práctica del Voleibol estimula el trabajo muscular que influye sobre el metabolismo de la glucosa de dos formas: la célula es animada para que absorba la glucosa contenida en sangre y por consiguiente aumenta los depósitos de azúcar.

El voleibol permite que aumente la penetrabilidad de la membrana celular frente al azúcar, determinando que los niveles desciendan en la sangre. Teniendo en siempre en cuenta el no prolongar en el tiempo la práctica del voleibol, evitando la hipoglucemia (disminución de azúcar) y la hiperglucemia (exceso de azúcar), en ambos casos es muy importante estar orientado por un profesional que conozca la enfermedad y por un profesional que prescriba correctamente la práctica del voleibol en cuanto a intensidad baja, tiempo reducido, secuencia entre 3 y 5 veces por semana, será pues la dosificación elemento fundamental para prescribir voleibol en diabetes. Cada diabético debe tener una agenda donde se resuma las reacciones de su cuerpo ante el ejercicio. Y mejora el pico glucémico postprandial.

El ejercicio se considera uno de los pilares del tratamiento de la diabetes mellitus tipo 2, ya que mejora la resistencia a la insulina. En el caso de la diabetes tipo 1, si bien no puede considerarse como un método de tratamiento en sí, ya que estos pacientes generalmente requieren insulina, resulta de gran importancia a la hora de mejorar el estilo de vida, y sobre todo en la prevención de algunas de las complicaciones.

Los beneficios del voleibol para la diabetes son:

1- Su práctica regular ayuda a un mejor control metabólico a largo plazo. Reduce los niveles de glucemia antes y después del ejercicio.

2- Su ejecución disminuye las concentraciones basales y postprandiales de insulina y mejora la permeabilidad de la membrana Reduce la dosis diaria de insulina.

3- Aumenta la sensibilidad de la insulina y/o mejora la resistencia a la insulina.

4- Mejora el trabajo cardiorrespiratorio y la capacidad muscular.

5- Mejora mecanismos de fibrinólisis (reduce riesgo de formación de coágulos).

6- El voleibol mejora la sensación de bienestar y la calidad de vida del paciente diabético.

5.6 ENFERMEDADES REUMÁTICAS

Las enfermedades reumáticas (ER) o artritis, es aquella afección que compromete de forma aguda o crónica las funciones del sistema musculoesquelético (CDCP, 2009).

Debido a que la mayoría de estas enfermedades se inician en la juventud o en la vida media de la persona, ocasionan una gran cantidad de pacientes/año de discapacidad. Las enfermedades reumáticas son la segunda causa de consulta en medicina de familia.

Algunas de las enfermedades reumáticas son por ejemplo la artritis reumatoide (AR), lupus eritematoso sistémico (LES), espondilitis anquilosante (EA), gota, osteoartritis.

Entre los objetivos que se buscan con la práctica del voleibol en pacientes con enfermedades reumáticas está la mejora de la movilidad articular (rango de movimiento), la mejora de la fuerza muscular y la aptitud física. Buscando en estos pacientes la disminución del dolor y la mejora del estado de ánimo.

En los últimos años la práctica deportiva, ha sustituido a las inmovilizaciones en el tratamiento de las enfermedades reumáticas, tanto inflamatorias como degenerativas (Alexander y cols; Slade y Kaeating 2007).

Los tratamientos basados en práctica del voleibol, guiados y supervisados siempre dan buenos resultados, pero hay que respetar las fases activas de inflamación propias de cada enfermedad, que obligan en muchas ocasiones a parar la actividad y guardar reposo.

El sedentarismo en estos pacientes es altamente influenciado por ese temor al sentir dolor al ejecutar movimiento, en estos enfermos se crea un círculo vicioso que, en última instancia, conduce a la perdida de condición física, empeoramiento de los síntomas y afectación de la calidad de vida relacionada con la salud.

Un efecto al practicar voleibol es que se mejora la movilidad articular, la fuerza muscular y por consiguiente la disminución de dolor y la mejora de estado de ánimo, en las intercrisis puede jugarse de 30 a 60 minutos, al menos 3 días a la semana. Este deporte ejerce un papel importante en el tratamiento de la ansiedad, depresión y baja autoestima propios de la artritis reumatoide, que secundariamente ocasiona niveles altos de mortalidad y suicidio (Gettings 2010). Notable mejoría en flexibilidad con la práctica del voleibol en estos pacientes, también con los trabajos de fuerza se gana en tono muscular y para reducir la progresión de la osteoporosis y evitar, así, las fracturas.

EDITORIAL WANCEULEN

5.7 ESTRÉS

El estrés es actuar sobre situaciones de vida que desencadenan una reacción física y mental, reflejada en segregar hormonas de rendimiento o estrés como respuesta a esas situaciones, El ejercicio físico ha sido relacionado con reducciones en el estado de ansiedad (Felts, 1989) que pueden persistir varias horas, siendo el ejercicio aeróbico de intensidad moderada (alrededor del 60% del VO2 máx.) el más efectivo (Raglin y Wilson 1996). Hoy día el estrés es más psíquico que físico. Hay dos tipos de estrés, el bueno o estrés y el malo distrés.

El estrés bueno que es el que tiene un sentido de activación, motivación, revitalizador, que produce sensaciones alegres y motivantes.

El estrés malo o distrés es aquel que produce las sensaciones de fracaso, tensión, desaprobación, error, frustración, dolor, conflicto, que terminan por perjudicar la salud del que pasa por esa situación.

Estas sensaciones se producen en el mesencéfalo, estímulos nerviosos que dan apertura a las cápsulas suprarrenales que emiten adrenalina y noradrenalina, hormonas que causan el aumento de la frecuencia cardíaca, la tensión arterial, la frecuencia respiratoria, paralelamente se sube el nivel de azúcar y grasa en sangre, además de otra hormona llamada hidrocortisona que desconecta los procesos de digestión, funciones sexuales, sistema inmune y toda la atención del cuerpo y su energía se pone a disposición del peligro existente producido por estrés malo.

El ejercicio físico moderado y habitual tiene efectos beneficiosos sobre la respuesta al estrés y por extensión sobre la salud.

Es por eso que, el deporte del Voleibol y su práctica muy regular en ambientes de recreación y diversión beneficiarán en gran medida, por cuanto este deporte y su necesidad energética, harán que la persona baje los niveles de azúcar y grasa en la sangre. El Voleibol es un deporte de sociedad, que busca la colaboración entre los participantes, este elemento será una herramienta para combatir el estrés, pues la persona se sentirá muy productiva y eficaz. Este deporte ofrece la posibilidad de ocupar el tiempo libre de una forma productiva y contribuye a que la vida cotidiana sea más variada, relajante.

La depresión es una alteración del estado de ánimo y es una psicosis maniacodepresiva, hay depresiva donde el ánimo muestra rebatimiento, sin ánimo, decaída, sin fuerzas, inferioridad y culpa y hay depresión psicosis maníaca, donde los sentimientos están alterados, exacerbados y hay total euforia. Las hay producidas por el mismo cerebro como psicosis depresiva sintomática. Las que no se producen por causas físicas como la depresiones endógenas y por último las depresiones neuróticas y reactivas producidas por circunstancias personales.

La actividad del voleibol puede influir de manera beneficiosa en las enfermedades de depresión, pues incidirá positivamente a nivel psíquico, de forma rápida como a largo plazo.

El Voleibol es divertido, entretenido y fomentará la subida del ánimo, reduce el miedo y la depresión. Aumenta la autoestima, el que realiza Voleibol obtendrá siempre un sentimiento de satisfacción, goce y optimismo.

El Voleibol provoca un aumento de la secreción de endorfina, sustancia parecida a la morfina que alivia el dolor y produce el efecto de la euforia sobre el estado de ánimo individual.

El Voleibol es un deporte social, influyendo como efecto positivo sobre esta enfermedad, pues permite entrar en contacto e integración con más personas.

5.8 OSTEOPOROSIS

Osteoporosis es un término genérico para referirse a la disminución de la masa ósea por unidad de volumen (densidad) del hueso de mineralización normal (Astrand. P, 2010).

El hueso es el principal componente del esqueleto adulto, lo que posibilita la acción mecánica de la musculatura, protege órganos vitales y alberga la medula ósea hematopoyética. El hueso sirve además de reservorio de calcio, magnesio fosforo y otros iones. Las funciones básicas de los huesos y esqueleto son: soporte, protección, movimiento, homeostasis mineral, producción de células sanguíneas y almacén de grasas de reserva.

Osteoporosis es una enfermedad sistemática caracterizada por una baja masa ósea y una alteración de la microarquitectura esquelética, que tiene como consecuencia un aumento de la fragilidad y fractura, y el desgaste normal de los huesos que llega con los años de forma inevitable donde los minerales de la estructura del hueso disminuyen su valor y contenido.

La evidencia de su existencia se ve reflejada en no poder soportar cargas normales, fracturas con facilidad, la columna se acorta, hay dolor en los huesos y articulaciones.

El principal factor que permite su aparición es una vida muy pobre en ejercicio físico y deporte, consecuencia que se refleja con los años en aquellas personas que no practicaron y que tienen una vida actual sedentaria.

Para los adultos y ancianos, la actividad física retrasa la perdida de hueso y, por tanto, puede contrarrestar el desarrollo de osteoporosis (Kriska et al,. 1988).

Las personas mayores suelen caerse con frecuencia, sufriendo fracturas como resultado. Un gran porcentaje de las fracturas de cuello del fémur está causada por factores en los que se puede influir.

Entre los muchos factores de riesgo reversibles que causan caídas esta la debilidad muscular de las extremidades, el deterioro del sentido del equilibrio y una mala condición física regular, como ejercicios de fortalecimiento, incluso en los ancianos que ya han desarrollado osteoporosis (Prior et al., 1996).

El tabaco, alcohol, café, fosfatos en la dieta, peso bajo, son otros factores que aceleran la aparición de la osteoporosis.

La osteoporosis constituye un importante problema de salud pública que afecta a millones de personas en todo el mundo. La mejor forma de abordar esta enfermedad es la prevención mediante el ejercicio físico y que más que la práctica del voleibol. Los objetivos de ésta práctica serán los de mejorar la movilidad articular (Rango de Movimiento-ROM) mejora de la fuerza muscular y la aptitud. La realización de práctica de voleibol durante la juventud ayuda a aumentar la densidad ósea mientras los huesos todavía están creciendo y madurando, y su continuación reduce la pérdida ósea en fases posteriores de la vida.

Además de mejorar la salud ósea, su práctica fortalece los músculos, la coordinación, el equilibrio y la flexibilidad, y mejora la salud en general.

La práctica del voleibol tiene efectos positivos sobre esta enfermedad, como el aporte a una mayor densidad ósea en la zona de la columna vertebral lumbar, fémur, tren superior, falanges carpianas y tarsianas. La práctica de Voleibol regular contiene trabajos de fuerza, variabilidad de movimientos que estimulan en buena forma el sistema esquelético. Deporte que tiene un gran valor de aporte demostrada en la fuerza que se ejecuta de forma diversa en saltos, carreras, paradas, cambios de dirección, rotación, muchos de los gestos realizados en este deporte son con carga con impacto y resistencia que son determinantes en la formación de sustancia ósea.

En edad avanzada y con una práctica regular de Voleibol se ha demostrado que se evita el avance de la osteoporosis.

Por consiguiente, la práctica del juego de voleibol a todas las edades constituye una prevención apropiada para la osteoporosis.

5.9 CÁNCER

La palabra cáncer es un término muy amplio que abarca más de 200 tipos de enfermedades (tumores malignos).

Si bien en el organismo humano existe un control que mantiene un equilibrio entre las tasas de crecimiento de las células nuevas y la muerte de las células viejas (apoptosis), el cáncer es una patología que logra evadir tal control, permitiendo que una célula crezca y se reproduzca de manera descontrolada.

Ésta enfermedad que produce disminución de la calidad de vida de los pacientes afecta a aspectos psicológicos (perdida de autocontrol, depresión, estrés, reducción de la autoestima), físicos (fatiga, osteoporosis, atrofia muscular, dolor, alteración de la función cardiovascular y pulmonar, insomnio, nauseas, vómitos) y sociales.

La exposición a factores ambientales diversos es aceptada como uno de los factores causales de mayor relevancia para la gran mayoría de los canceres (Lichtenstein y cols., 2000). Consecuentemente la vida sedentaria puede ser una de las explicaciones que justifiquen las variaciones en la incidencia del cáncer observadas en la actualidad.

Cada vez son más los pacientes con cáncer que se someten a tratamientos específicos. Estos tratamientos tienen en la cirugía, la quimioterapia y la radioterapia sus pilares fundamentales. En la actualidad, teniendo en cuenta la posibilidad de realizar prevención primaria podemos actuar mediante la promoción de hábitos de vida saludable donde se trata de eliminar hábitos tóxicos y promocionar hábitos de salud entre los que la práctica del voleibol y el ejercicio juegan un papel prioritario.

Dicha práctica puede jugar un papel importante desde dos puntos de vista:

- Prevención primaria y secundaria.

- Como ayuda a la fatiga asociada a la enfermedad que disminuye la calidad de vida de estos pacientes.

Objetivos y metas del ACSM (American Collage of Sport Medicine), de la Actividad Física en los pacientes sobrevivientes al cáncer.

1. Recuperar y mejorar la función física, la capacidad aeróbica, la fuerza y flexibilidad.

2. Mejorar la imagen corporal y la calidad de vida.

3. Mejorar la composición corporal.

4. Mejorar los resultados cardiorrespiratorios, endocrinos, neurológicos, musculares, cognitivos y psicosociales.

5. De manera potencial, reducir o demorar la recurrencia o la aparición de un segundo cáncer primario.

6. Mejorar la capacidad para mantenerse física y psicológicamente frente a la ansiedad que genera la recurrencia o la aparición de un segundo cáncer primario.

7. Reducir, atenuar o prevenir los efectos tardíos y a largo plazo del tratamiento antineoplásico.

8. Mejorar la capacidad fisiológica y psicológica ante cualquier tratamiento antineoplásico futuro.

La misma (ACSM) recomienda que una prescripción de deporte constara de 5 componentes: frecuencia, intensidad, tiempo, y tipo (el principio FITT) y la progresión, se pone especial cuidado en la calidad y cantidad de entrenamiento para alcanzar los mayores beneficios sin riesgo de patología por sobrecarga.

Duración de cada práctica entre los 20 y 60 minutos aeróbica continuada. Promoviendo la ejercitación de los grandes grupos musculares, que se puedan mantener continuamente y que sea de naturaleza rítmica y aeróbica.

Se jugará voleibol, porque éste conlleva a trabajos de fuerza con intensidad moderada, suficiente para desarrollar y mantener el peso magro.

5.10 ENFERMEDADES DE LAS VENAS

Las venas son los vasos que conducen de nuevo la sangre haca el corazón y una enfermedad son las varices, donde la pared de los vasos cede por cuestiones del tejido conectivo y se deforma tomando un aspecto enredado y estrecho que hace que hace que la sangre se contenga allí y circule más lento.

Hay medidas para su comportamiento como:

- Cambiar de lugar frecuentemente.
- Variar los tiempos de sentado.
- Bajar de peso.
- Evitar permanecer de pie por tiempos prolongados.
- Elevación de piernas.
- Realizar ejercicio o deporte.

Un efecto preventivo para las várices es pues la práctica del Voleibol, beneficia la tendencia a retener líquidos, mejora la movilidad, la formación de úlceras, ayuda al reflujo de la sangre, mejora el sistema nervioso que activa el bombeo muscular, reduciendo el riesgo de formación de várices.

5.11 ENFERMEDADES RESPIRATORIAS

Algunas de las enfermedades respiratorias más frecuentes son crónicas de las vías aéreas y otras estructuras del pulmón. Las más comunes son el Asma, la enfermedad pulmonar obstructiva crónica (EPOC), la fibrosis Quística (FQ) y las alergias respiratorias.

Es frecuente que los pacientes con enfermedades respiratorias crónicas tengan menor tolerancia al ejercicio. Las causas de dicha intolerancia son múltiples, pero entre ellas siempre está presente en un grado importante el sedentarismo y desentrenamiento de los músculos de las extremidades inferiores. Por consiguiente, el trabajo muscular de las extremidades inferiores es la piedra angular de la rehabilitación pulmonar. La rehabilitación pulmonar se ha aplicado fundamentalmente a pacientes con EPOC, asma y tras el trasplante pulmonar, pero los principios en los que se basa son válidos para otras enfermedades crónicas pulmonares.

El trabajo aeróbico regular a moderada intensidad hace que las personas asmáticas tengan menos probabilidad de desarrollar síntomas severos de AIE. Por lo tanto, la práctica del voleibol, mejorara la condición física del paciente, beneficiara la autoconfianza, propia-imagen y relaciones sociales, facilita el conocimiento de los propios límites y el umbral de aparición de asma. Se debe practicar voleibol de forma aeróbica con un calentamiento progresivo y se ejercitara entre 3 y 7 veces por semana, con una duración entre 40 a 60 minutos, inducida a ser con intensidad moderada. En casos como el EPOC el voleibol estimulará los trabajos de la musculatura respiratoria, mediante la hiperventilación propia de ejecuciones de salto al remate y bloqueo como lo maniflesta los esfuerzos del tronco y los brazos. En cuanto a jugar vóley para la enfermedad de la fibrosis quística, es recomendable, pues ayuda a movilizar las secreciones mucosas y mejora o preserva la capacidad respiratoria.

Se puede hacer práctica de voleibol con esfuerzos hasta del 85% de 1 RM.

5.12 TRASTORNOS DEL SUEÑO

Como el insomnio, dificultad para conciliar el sueño y dormir sin interrupción y los cortos como despertares tempranos. Desencadenando a largo plazo, problemas de salud.

Las causas pueden ser la edad avanzada, el entorno, lo psíquico, enfermedades físicas, enfermedades cardiovasculares, respiratorias, reumáticas, gastrointestinales, endocrinas, renales, neurológicas, medicamentos, estimulantes, falta de ejercicio físico.

Se recomienda para conciliar el sueño, una práctica placentera de voleibol ya que le provee al cuerpo un trabajo de resistencia y fuerza que conduce al gasto de energía y cansancio, el cuerpo normalmente conciliará el sueño por agotamiento y en la búsqueda de restablecerse. También el Voleibol produce beneficio en la relajación psicológica necesaria que ayuda al sueño reparador.

5.13 TRASTORNOS DEL SISTEMA INMUNOLÓGICO

El sistema inmunológico nos protege frente a los agentes patógenos y evitan que nos afecten las enfermedades. Formado por los glóbulos blancos de la sangre, llamado equipos de fuerza, repartidos en todo el cuerpo.

Efecto positivo, logrará la práctica del voleibol regular e incrementará el número de anticuerpos, un juego de Voleibol influirá directamente sobre los neutrófilos, componente de los leucocitos, que tienen la capacidad para destruir las bacterias.

Los practicantes del Voleibol mejoran la regulación del calor corporal y aprenden a reaccionar mejor a los cambios de temperatura por medio del sudor y el enfriamiento, para evitar los resfriados.

6. BENEFICIOS DE LA PRÁCTICA DEL VOLEIBOL

EL VOLEIBOL ES MEDICINA.

La inactividad física es un problema de salud pública de rápido crecimiento y contribuye a una gran variedad de enfermedades crónicas y complicaciones de salud, incluyendo obesidad, enfermedades cardiacas, diabetes, hipertensión, cáncer, depresión y ansiedad, artritis y osteoporosis. Además de mejorar la salud general de un paciente, se ha comprobado que aumentar la actividad física es efectivo en el tratamiento y prevención de enfermedades crónicas.

1. En primer lugar, el juego del Voleibol tiene un efecto positivo sobre la salud, inicialmente en los procesos de crecimiento y desarrollo, así como sobre su capacidad para prevenir el desarrollo temprano de factores de riesgo de enfermedad.

2. La práctica regular del Voleibol en la infancia, juventud y vejez producirá un efecto de transferencia a la edad adulta, pues como se mencionó, muchos factores de riesgo para la salud, comienzan a desarrollarse en el organismo en la infancia.

3. El que practica Voleibol a temprana edad, lo practicará en la edad adulta, lo cual es beneficioso para la salud.

4. Jugar Voleibol reduce los riesgos de sufrir enfermedades.

5. La práctica del Voleibol previene la enfermedad cardiovascular, coronaria.

6. Jugar regularmente Voleibol contribuye a la salud metabólica y reduce o previene la diabetes tipo II.

7. El que practica Voleibol disminuye el peso corporal.

8. Practicando el Voleibol la grasa abdominal se reduce.

9. Si se juega Voleibol mejorará la salud ósea con un efecto positivo sobre el aumento de la densidad mineral ósea.

   La inactividad física es un factor de riesgo clave para la mortalidad, la morbilidad y la reducción de la capacidad funcional de los ancianos. La actividad física regular como el voleibol es esencial para la independencia personal y la calidad de vida. El ejercicio es tan bueno para los mayores como para los jóvenes. Además, los ancianos deberían hacer ejercicios de fortalecimiento para contrarrestar la aparición o avance de la osteoporosis, la pérdida de masa muscular y de equilibrio. Los ancianos son un grupo heterogéneo, y los programas de ejercicio se deben ajustar a la condición física y nivel funcional individuales.

   Esperamos que los médicos futuros prescriban programas de práctica de ejercicio como el voleibol, para los pacientes, de la misma forma que prescriben medicamentos y otros tipos de tratamiento.

10. La práctica del Voleibol produce un moderado grado de protección de las articulaciones y puede retrasar la aparición de discapacidad en individuos con osteoartritis.

11. Jugando Voleibol se incrementa la masa muscular.

12. Practicando este deporte se reduce el riesgo de padecer cáncer de mama, de colon, endometrio y pulmón.

EDITORIAL WANCEULEN

13. Si se juega voleibol se reduce la depresión y el deterioro cognitivo en adultos y mayores.

14. Practicando esta disciplina se mejora el sueño.

15. Jugando Voleibol se mejora el bienestar y se reduce la ansiedad.

16. La práctica del Voleibol contribuye en el ser humano con diversión, felicidad, integración social y mejor calidad de vida.

6.1 ENVEJECIMIENTO ACTIVO Y SALUDABLE

Hipócrates comprendió la importancia de la actividad física y afirmo lo siguiente:

"Todas las partes del cuerpo que desempeñan una función, si se emplean con moderación en labores a las que se está acostumbrado, mejoran en salud, se desarrollan armónicamente y el envejecimiento sobreviene con más lentitud; pero si no se usan y se vuelven propensas a la enfermedad, su crecimiento es defectuoso y envejecen con rapidez."

Este avanzado concepto ha sido confirmado y respaldado por la experiencia y las investigaciones científicas modernas (F. Adams, 1891).

Envejecer como evento natural de la vida conlleva a una pérdida progresiva de la capacidad de funcionamiento de los órganos y las estructuras corporales. Se disminuye la capacidad pulmonar, cardíaca, renal, densidad ósea, masa muscular y enfermedades agudas y crónicas. Todo lo anterior se ve reflejado en la reducción de la fuerza, velocidad, marcha, resistencia, equilibrio, flexibilidad y en general en la capacidad de ejecutar las actividades de la vida diaria de manera autónoma, entonces una de las consecuencias del envejecer, es la disminución del nivel de actividad física. Holloszy propone dos clases de envejecimiento: el primario que es el deterioro inevitable de la estructura y función celular; la secundaria que es causada por la enfermedad y factores ambientales como el cigarrillo, rayos ultravioletas.

Cuando se es sedentario, la capacidad funcional como indicador de salud se perderá más rápido, en cambio si se mantiene activo por medio de la práctica del Voleibol, la pérdida de esa capacidad funcional será más retardada.

Al perder masa muscular por ende se pierde la fuerza muscular, la pérdida de la masa es la que se conoce como sarcopenia y hoy el único medicamento que existe contra esta pérdida es la actividad física, que en este caso fomentaremos con el deporte del Voleibol. El ejercicio físico es importante durante toda la vida. Cuando mayor sea la capacidad física que hemos ido adquiriendo haciendo ejercicio, más tardarán las pérdidas en limitarnos en la vida cotidiana.

Así pues, hay que empezar a hacer ejercicio lo antes posible. La práctica del voleibol tiene un efecto preventivo sobre el desarrollo de muchas enfermedades, especialmente las cardiovasculares, que son la primera causa de mortalidad, y a la vez, su juego regular y planificado tiene un efecto preventivo sobre las limitaciones funcionales en la vida diaria que pueden comportar una discapacidad adquirida con la edad y llegar a causar una situación de dependencia (o necesidad de ayuda de otra persona para poder realizar actividades cotidianas). Hacer deporte como el vóley regularmente a lo largo de la vida aumenta la esperanza de vida libre de discapacidad, disminuye el nivel de inhabilidad, lo cual quiere decir que nos permite vivir más años sanamente sin limitaciones y sin depender de otras personas en nuestra vida cotidiana. Hacer ejercicio aporta una gran cantidad de beneficios, ya que nos hace trabajar muchas habilidades físicas, psíquicas y sociales.

La jugada de voleibol se suma al efecto del resto de hábitos que determinan el estilo de vida saludable. Así pues, las personas que siguen una alimentación saludable, que se mantienen mentalmente activas, que tienen una ingesta moderada de alcohol y que no fuman, si además practican vóley, tendrán todavía más calidad de vida futura.

Se convierte pues la práctica deportiva como un fondo o ahorro de capacidades funcionales para hacer más saludable el envejecimiento y se podría de alguna manera llamarlo preventivamente el PLAN VEJEZ MAS SANA, Así pues, hay que empezar a practicarlo lo antes posible.

PLAN

1. Tener claras las metas y que éstas sean alcanzables según el perfil del adulto mayor, no es recomendable recuperar el tiempo perdido jugando voleibol de manera excedida, repentina y al límite máximo.
2. El adulto mayor que se ejercite con el Voleibol deberá ser paciente y cauto, deberá iniciar muy suave y nivel básico de forma progresiva con la intensidad y el tiempo de práctica.

3. La prescripción médica y del profesional del deporte irán de la mano con la consulta inicial.

4. El Voleibol será practicado de forma moderada, recreativa y a baja intensidad con tiempos cortos de duración.

5. Utilizar ropa, calzado, implementación y espacio físico muy adecuado para evitar daños.

6. El Voleibol proveerá la inclusión, integración y el compartir en lo social, elevando la autoestima.

7. La práctica del Voleibol mejora en los adultos mayores la memoria, la atención y la concentración, pues favorece la irrigación cerebral y también mejora y evita la degeneración neuronal.

8. Jugando Voleibol se reduce la ansiedad, el miedo, la sensación de soledad, mejora la autoconfianza y el bienestar. Disminuye los trastornos del sueño.

9. El deporte del Voleibol bien practicado y de forma regular, beneficiará la prevención de enfermedades crónicas: hipertensión, trastornos metabólicos como la diabetes mellitus y la hipercolesterolemia, enfermedades cardiovasculares, cáncer, enfermedades respiratorias, osteoporosis.

10. Practicando Voleibol se mejora la calidad de vida relacionada con la salud física y con la vida social y aporta bienestar psicológico. Por ello, proporciona una mejora global en la persona, con prórroga de enfermedades y de discapacidad.

Por lo tanto, ¡nunca es tarde para empezar a jugar Voley y notar sus beneficios!

6.2 BENEFICIOS DURANTE EL EMBARAZO

Las mujeres moderadamente activas cuando están embarazadas tienen embarazos y partos más sencillos, aumentan su autoestima, aumentan de peso menos y tienen menos complicaciones perinatales que las mujeres que no realizan ninguna actividad física durante su embarazo (Artal y Sherman, 1999). No hay pruebas de un mayor riesgo de aborto espontáneo, parto prematuro o retraso en el crecimiento del feto atribuibles a la actividad física moderada durante el embarazo (Lokey, 1991).

El dar a luz supone un esfuerzo muy importante para el cuerpo de la madre. Pues durante el embarazo tiene que adaptarse al nivel hormonal, metabólico, cardiovascular, respiratorio y músculo esquelético, por circunstancias del medio ideal para el desarrollo del bebé.

Cambios producidos por el embarazo

- **Circulatorio:** la modificación más significativa y que más consecuencias tiene es la presión de la vena cava inferior por el útero grávido, por tanto, cuando la mujer adopta la posición de cúbito supino, disminuye el retorno venoso al corazón, lo cual lleva a modificar el gasto cardíaco y el flujo sanguíneo de retorno.
- **Hematológicos:** por el aumento del volumen de sangre es necesario un incremento de hierro diario adicional.
- **Respiratorios:** al inicio del embarazo la mujer respira más profundamente, pero con mayor frecuencia, debido a la progesterona y por tanto la ventilación alveolar aumenta por encima de los valores previos a la gestación. El volumen de reserva respiratorio disminuye, pero la capacidad vital se mantiene por un ligero aumento de la capacidad inspiratoria.
- **Metabólicos: todo** cambia en función del feto, hay mayor concentración de carbohidratos en el hígado, músculo y placenta;

bajo la piel aparecen depósitos de grasa, pecho y nalgas, aumentando también los niveles de colesterol.

- **Peso:** lo más evidente en el embarazo, debido al aumento en grasa y aumento del tamaño del organismo materno.
- **Locomotor:** dolor en las extremidades superiores por la lordosis cervical y hundimiento de la cintura escapular.
- **Hormonales:** actividad muy intensa en el embarazo, hormonas segregadas se producen en mayor cantidad y los dos nuevos órganos segregan hormonas como son el cuerpo lúteo y la placenta.

Beneficios de la práctica del voleibol para el embarazo

- Previene el sobrepeso.
- Previene calambres.
- Mejor circulación sanguínea.
- Mejoramiento capacidad aeróbica.
- Mejora el tono muscular.
- Mejora la resistencia, coordinación y fuerza.
- Músculos más fuertes para la operación parto.
- Mejoría postural.
- Previene dolores de las articulaciones sacroilíacas.
- Mejora la relación respiratoria.
- Mejora gasto cardíaco.
- Mejora la función del esfínter.
- Mejora la movilidad articular.
- Alivia el insomnio.
- Produce relajación y tranquilidad.
- Bienestar y autoestima.
- Las mujeres que han jugado Voleibol y lo siguen practicando durante el embarazo, tienen mejor dilatación a la hora del parto.
- Después del parto, la recuperación física es más fácil y rápida.

Precauciones al jugar voleibol en el embarazo

- Hidratación antes, durante y después.
- Utilizar un sujetador adecuado, sostén mamario.
- Buenos hábitos nutricionales.
- No debe haber fatiga.
- Regular y tres veces por semana.
- Evitar acciones propias y externas que ocasionen algún trauma abdominal.
- Jugar Voleibol "sin saltar" es imperante.
- No arquear la espalda.
- No hacer especies de abdominales más allá de 45 grados.
- Respirar continuamente sin retener nunca.
- No ejecutar acciones de coordinación y equilibrio, pues el centro de gravedad ha cambiado.
- Ir reduciendo el juego de Voleibol a media que progrese el embarazo, por aumento de peso.
- Recibir orientación del médico y del profesional en deporte.

6.3 SUSTANCIAS PSICOACTIVAS

La práctica regular del Voleibol puede utilizarse para prevenir los problemas debidos al consumo indebido de drogas entre los jóvenes. A través del Voleibol pueden desarrollarse características, aptitudes y realizaciones sociales como la autoestima, y alternativas sanas y beneficiosas para las personas.

Practicando Voleibol se pueden desarrollar aptitudes sociales con la comunicación, la gestión de conflictos y de trabajo eficaz con los demás jugadores para logar el objetivo común.

Jugar Voleibol será adecuado para desarrollar la autodisciplina y la responsabilidad para jóvenes y evitarles el riesgo de adicción. Si el

Voleibol se presenta como una opción y se trabaja en equipo con los jóvenes, se podrá orientar esta disciplina para prevenir los problemas relacionados con el consumo de drogas.

El Voleibol está orientado hacia la honradez deportiva, de allí que los jóvenes participantes pueden desarrollar un espíritu de prevención o de medidas cautelares en cuanto a llevar su vida de forma más honrada como se los enseña este juego.

Con un programa deportivo en Voleibol donde se le brinda a los jóvenes jugadores una combinación de oportunidades de saber más acerca de las drogas y sus efectos nocivos para la salud y orientarles a través de esta disciplina deportiva el desarrollo de aptitudes vitales, como la comunicación, la adopción de decisiones, la seguridad en sí mismos y el control de la ira y del estrés. Se puede mejorar el valor de la prevención con este programa.

En la práctica del Voleibol se pretende que sea divertido desde el punto de vista de los jóvenes y serán buscados en su entorno, como parques, calles, barrios, para llegar a ellos.

Será flexible y se adaptará a sus objetivos, reglas y así tener en cuenta sus intereses. Dentro de la práctica del Voleibol los jóvenes serán aceptados, respetados y escuchados siempre. Deberá ser incluyente y ofrecer oportunidades de relacionarse todos.

6.4 RELACIONES SOCIALES

El efecto que produce el deporte del Voleibol y lo social es un fenómeno de "sinergias" donde el aporte positivo del uno con el otro, son tan contundentes y beneficiosos para la sociedad que la misma historia del Voleibol con sus 123 años de actividad han relatado al mundo entero las relaciones sociales que se han realizado a través de este deporte clásico por excelencia que en su dimensión social produce efectos en las formas de vida humana: integración, socialización, convivencia, compañerismo, inclusión.

Y es que el Voleibol desde lo social y su práctica deportiva, facilita las relaciones, canaliza la agresividad y la necesidad de confrontación, despierta la sensibilidad, mejora el clima social, fomenta el compañerismo.

El juego del Voleibol es un fenómeno que no sabe de razas, costumbres, culturas, clase social, religión, por el contrario, es abrazadora de todo lo anterior en un juego de seis contra seis, donde el objetivo es la diversión.

El Voleibol permite crear universos diferentes alejados en un juego, partido o práctica ce la realidad social y política del entorno. El mejor ejemplo de integración social, lo vivimos al practicar Voleibol con doce compañeros, con diferencias en lo económico, físico, social y demás.

El Voleibol como toda actividad humana, se desarrolla dentro del mundo de las relaciones sociales de los jugadores.

La vida que se comparte en el deporte del Voleibol se convierte en un elemento clave de socialización. El Voleibol es un producto social, donde los jugadores se integran y producen un mundo particular y social en torno a su compartir de vida y de juego, formando unos vínculos indisolubles por siempre.

6.5 ACTITUDES Y VALORES EN VOLEIBOL

Tolerancia: compañeros de juego del Voleibol con ideas, razas, características físicas, formas de ver la vida, gustos diferentes. Son aceptados con respeto, convivencia y solidaridad.

Solidaridad: es un juego de equipo donde la ayuda y colaboración es clave para el éxito del juego.

Sinceridad: este juego ayuda a que los fallos no sean escondidos o justificados, por lo contrario, desarrolla la expresión de la verdad.

Responsabilidad: enseña a los practicantes a saber lo que tienen que hacer, por qué y cómo lo tienen que hacer como respuesta a un trabajo en equipo.

Respeto: desarrolla la aceptación de las reglas, de los procederes, de las situaciones, de los compañeros y la obediencia a las tareas.

Orden: influenciado en todo momento por este deporte que brilla por el protocolo y orden continuo.

Obediencia: la norma es para todos y no se discute, es obediencia con un objetivo que es la iniciativa.

Justicia: el Voleibol determina lo que es lo justo y lo que no es, enseña a perder y gana en dependencia de jugar bien o mal.

Iniciativa: es un deporte abierto a todos, donde los jugadores podrán realizar su propio repertorio de jugadas por iniciativa propia.

Honestidad: este deporte desarrolla en los practicantes, la aceptación de lo bueno y lo malo con la verdad siempre.

Generosidad: se representa aquí en dar de nuestro tiempo, de nuestros esfuerzos y ayudas a todos los compañeros.

Esfuerzo: el Voleibol es entrega total y disposición de nuestros esfuerzos y empeños para el bien colectivo.

Convivencia; la práctica del Voleibol desarrolla largos momentos, tiempos, situaciones con los compañeros, proveen siempre la unión y compañerismo.

Compromiso: es lo que debe tener todo practicante del Voleibol, donde cada uno se debe a los demás y todos dependen de todos y de uno.

Compañerismo: el Voleibol hace que todo lo que se realice, practique, compita, viva y goce, se comparta; alegrías y tristezas serán acogidas por los jugadores.

Autoestima: da la posibilidad de conocerse a sí mismo, con cualidades y defectos con los límites máximos y mínimos y aceptación sobre ellos.

Amistad: el encariñamiento y apego que produce el Voleibol no es comparable con otra actividad, pues aquí se aprende a querer a los compañeros.

6.6 INCLUSIÓN SOCIAL

Cumpliendo con los principios fundamentales del deporte establecidos por Ley que promulgan la universalidad, la participación comunitaria, la integración funcional y la democratización, en la que contempla que todos los habitantes del territorio nacional, tienen derecho a la práctica libre y espontánea de actividad física, la recreación y al aprovechamiento del tiempo libre, participando en todos los procesos que brinda el Estado y el sector privado, sin discriminación alguna, respetando al ser humano como miembro activo dentro de la sociedad de la que forma parte. Es por esto que todos los esfuerzos para masificar, desarrollar el Voleibol por los estamentos deportivos serán orientados con un rigor de inclusión social. No en vano el Voleibol es uno de los deportes que más adeptos tiene, pues un principio rector de la FIVB (Federación Internacional de Voleibol) es llevar el Voleibol a todos los rincones del planeta, o todos los sectores, países y persona más aisladas y lejanas.

6.7 DISCAPACITADOS

Existen otros términos que pueden utilizarse como sinónimo de discapacidad: disminución, deficiencia, capacidades diferentes, minusvalía.

El deporte para personas "con discapacidad" (no para discapacitados) deberá ser adaptado a la disminución que se tenga, según sea de índole motora, mental y/o sensorial.

Se llamará a esta área deporte adaptado a personas con discapacidad, pero también muchas veces se nombra deporte adaptado a aquellos deportes que van dirigidos a poblaciones reclusas, embarazadas, tercera edad, trasplantados, así como a los mini deportes.

La población se divide en tres grupos:

- Personas con discapacidad motora.
- Personas con discapacidad intelectual o mental.
- Personas con discapacidad sensorial.

Este deporte brinda diferentes alternativas como:

Terapéuticas: acciones encaminadas a tratamientos rehabilitatorios para la discapacidad.

Educativas: orientadas en instituciones para resaltar el trabajo sobre discapacidades y su inclusión en el proceso educativo.

Recreativas: actividad para el tiempo libre.

Competitivas: práctica grupal, trabajo en equipo, que requiere entrenamiento, disciplina, superación y el respeto a las reglas.

6.7.1 Beneficios del voleibol para los discapacitados

- Favorece el trabajo de fuerza muscular.
- Mejora el trofismo.
- Mejora la ubicación espacial.
- Refuerza la autoestima.
- Mejora las relaciones sociales.
- Mejora la amplitud articular.
- Mejora el sistema cardiorespiratorio.
- Favorece la atención y coordinación.

6.7.2 Beneficios psicológicos y sociales del voleibol para discapacitados

Toda persona con discapacidad o disminución de sus capacidades enfrentará a una sociedad estructurada sobre líneas "normales", lo que produce unas barreras que diariamente las personas con discapacidad deberán afrontar. El Voleibol beneficia a las personas con discapacidad a abstraerse de las barreras, favorece la psiquis y fortalece la auto-superación.

Después de la Segunda Guerra Mundial en el hospital para lesionados medulares de Stoke Mandeville – Inglaterra, el Dr Ludwing Guttmann, gran cirujano y traumatólogo, lo utilizó como medio terapéutico. Fue el Dr Guttmann en el año 1844, quien dijo que el fin más noble del deporte de minusválidos es ayudarles a restaurar la conexión con el mundo que les rodea. Este es el fin fundamental, la participación, el restaurarse en la sociedad (Lagar, p.8).

6.7.3 Voleibol sentado

Adaptación del Voleibol oficial para los discapacitados, disminuidos, deficiencia y capacidades diferentes. Nació en Holanda en los años 50, combinación del Sitzbal, juego alemán y el Voleibol tradicional. En1978 se aceptó el Voleibol sentando como deporte para minusválidos por la Federación Internacional de Deportes para Minusválidos (ISOD). En la década de los 80, este deporte se convirtió en deporte paralímpico oficial, debutando en los juegos Amhen, 1980.

Las adaptaciones con respecto al Voleibol tradicional son en base y sustentadas desde el suelo, es decir, sentados. Por lo cual la altura de la malla no va más allá de un metro y el terreno se acorta a 10 x 6 metros y cada terreno de equipo tendrá 6 x 5 metros, con una línea de ataque que se sitúa a 2 metros de la red. Siendo lo más importante que todos los jugadores tengan la pelvis o cadera en contacto con el suelo al momento de los golpes oficiales. Los desplazamientos de los jugadores serán con las manos.

Se exige a los jugadores que tengan unos grados de discapacidad mínimos. El voleibol sentado puede ser practicado por ambos sexos, mixto y sobre todo puede mezclarse en el juego los minusválidos y los válidos.

Y está organizada desde la Organización Mundial de Voleibol para Discapacitados

(WOVD). Lo pueden jugar amputados de miembros inferiores, personas con otros tipos de discapacidad locomotora (secuelas de poliomielitis), con traumas de rodillas, tobillos y la categoría de "otros", como es el caso de determinadas amputaciones, parálisis cerebral, lesión medular.

Aspectos del Voleibol sentado

Las extremidades superiores ocupan una acción principal, pues con el tren superior se realizará doble función: la de desplazamiento y la del toque o golpeo del balón, por este trabajo tan complicado es importante describir los fundamentos técnicos básicos para su óptima ejecución.

PASE DEDOS – COLOCACIÓN

Podrá realizarse en tres niveles:

-        Zona baja: a nivel hombros y más abajo.
-        Zona media: entre el abdomen y la cabeza.
-        Zona alta: entre la cabeza y más alto.

Para el golpeo del pase colocación es normal contactarlo sobre caídas hacia atrás, lateral, donde la pelvis y miembros inferiores presentes o diferentes ayudan al balanceo o terminación de la cadena cinemática del movimiento en apoyo a la caída y posterior protección del cuerpo.

El tren superior es el más utilizado, de cada jugador, por los motivos de doble función explicados.

PASE ANTEBRAZO – RECEPCIÓN

Aquí la función de extensión del tren inferior es realizada por el movimiento de la cadena cinemática de brazos, hombros, espalda y en técnica es la siguiente:

- Recepción abierta: cuando el balón es contactado fuera del cuerpo o más lejano con una flexión pronunciada de espalda.
- Recepción intermedia: entre una separación notable y la cómoda del movimiento, podría decirse que es el normal golpe.
- Recepción corta: es cuando el balón está punto de contactar el suelo, para ello se realiza un movimiento de flexión notoria de muñecas, o rotación hacia arriba de la muñeca en forma de alerón para levantar el balón de nuevo.
- Recepción lateral: para contactar los balones de derecha e izquierda, que tienen una velocidad indeterminada por el rival.
- Recepción alta o de protección: golpe por encima de la cabeza o en la frente, producto de la velocidad y potencia de un remate del contrario, y es un contacto de último momento y de rescate o protección de la cara.

SERVICIO O SAQUE

- Saque lateral: posición lateral y con golpeo del antebrazo, mano o muñeca, puño.
- Saque tenis o raqueta: igual al clásico o por encima de la cabeza con golpeo de mano abierta o puño.
- Saque con dedos: posición frontal a la red y con las falanges primarias se contacta al balón.
- Saque flotante: golpe seco, frontal y sin transporte del balón, aquí el sitio del balón contactado es todo el centro del mismo.

REMATE O ATAQUE

- Remate muñeca: es más utilizado por situaciones de posición sentado, aquí el gesto es realizado en su totalidad por la flexión de la muñeca.
- Remate técnico: golpe de ubicación, dirigido y sin potencia, con mano abierta, flexible y templada.
- Remate zaguero: golpe fuerte y lejano, pues se ejecuta por fuera de la zona de ataque.

BLOQUEO

- Bloqueo defensivo: cuando se quiere quedar en posición del balón, se extienden las manos y muñeca hacia atrás.
- Bloqueo ofensivo: cuando se quiere que el balón quede en el territorio contrario, se flexionan manos y muñeca hacia adelante, cuando el balón hace contacto con ellos.
- Es fundamental la capacitación sobre el deporte del Voleibol sentado para alumnos, monitores, entrenadores, donde se debe saber trabaja con minusválidos, con conocimientos de fisiología, paralimpismo, salud, entrenamiento, rehabilitación.
- Será pues el Voleibol sentado una gran herramienta para la inclusión social de estos grupos con diferencias y detallan como un deporte puede contribuir a la salud desde alternativas adaptadas e integradoras.

6.8 PARA LA PROMOCIÓN DE LA SALUD

Se ha visto como en todo el mundo, el Voleibol contribuye a mejorar la salud física, mental y espiritual. Porque el Voleibol enseña a respetar, liderar, cooperar. Promueve la igualdad y solidaridad. El Voleibol mundial ha desarrollado alianzas con todos los sectores de la sociedad, estatales, privados, civiles, para llevar a la población en general a los campos de juego y su práctica y así educar sobre los beneficios del mismo para la salud.

Se ha utilizado el Voleibol como vehículo de comunicación, como herramienta de movilización social con mensajes de salud, de inclusión, prevención, promoción, bienestar y calidad de vida. Un ejemplo de esto es la UNICEF que ha elaborado acuerdos de asociación con la Federación Internacional de Voleibol (FIVB) para desarrollo y ser voceros de programas de Voleibol por todo el mundo y para la salud.

La inversión en instalaciones de Voleibol y programas para el desarrollo, masificación y difusión del Voleibol, hacen posible el acceso de la población a este deporte. Ejemplo de esto son los programas de desarrollo realizados por la Federación Internacional (FIVB), llamado (VCP) cooperación programa que desarrolla el Voleibol para las regiones más pobres y aisladas del planeta.

También realizan por todo el mundo la promoción del Volleyball for all, Volley all festival, del cual hace parte la Universidad Tecnológica de Pereira, con sus festivales de minivoleibol, desarrollados por su docente de Voleibol, Luis Guillermo García y sus alumnos del quinto semestre del programa Ciencias del Deporte y la Recreación de la Facultad de Ciencias de la Salud, desde 2012.

Igualmente fomenta el Cool Volley para la infancia del mundo, el Mass Volley, Park Volley, Peace and Sport, Volleyball at school.

Se detallará el que realiza la Universidad Tecnológica de Pereira con su "Hay Festival Minivoleibol", incluido en el calendario oficial del "All Festival", como herramienta de promoción, masificación y desarrollo del Voleibol infantil, se han realizado 13° versiones hasta el momento y han participado mil quinientos niños (6000), a la fecha, estos niños son de colegios, escuelas, barrios, comunas y lugares apartados de

Pereira. Se juega en 32 canchas simultánea en una jornada matinal, participan alrededor de 60 equipos de cuatro jugadores, en ambas ramas, cada equipo juego aproximadamente entre 15 y 20 partidos, no hay perdedores, todos son ganadores, de forma recreativa, divertida. Este festival que promociona el deporte, la actividad física y la salud, busca despertar en la infancia las actividades sanas que propenden por la calidad de vida y la salud. Es un éxito para toda Colombia dicho festival, pues el único en su género en Latinoamérica.

6.9 OLIMPIADAS ESPECIALES EN VOLEIBOL

Su finalidad es integrar a la sociedad a personas con diferencias y discapacidades intelectuales, dentro del respeto, aceptación y equidad, apoyando a sus familiares y sirviendo como puente con otras instituciones, tanto del sector público, privado, para que puedan alcanzar su potencial físico y mental (Fundación Joseph P. Kennedy Jr). Las olimpiadas tienen la misión de "proporcionar a lo largo del año, entrenamiento deportivo a niños, jóvenes y adultos con discapacidad intelectual, ofreciéndoles la oportunidad de participar en competencias de tipo olímpico, permitiéndoles desarrollar su aptitud física, demostrar coraje, experimentar alegría y participar en un intercambio de logros, destrezas y compañerismo, con sus familias, con otros atletas especiales y con la comunidad en general (Fundación Joseph P. Kennedy Jr).

Estas olimpiadas son un éxito en el mundo, son un ejemplo de trabajo por la salud mundial, el Voleibol adaptado que allí se juega se beneficia a todas las personas en confianza, independencia, desarrollo de habilidades físicas y sociales. Para una población mundial con discapacidad intelectual de 190 millones aproximadamente hay 3 millones de atletas especiales y alrededor de 25.000 competencias al año. Y funciona en 183 países del planeta. Esta fundación tiene un programa complementario llamado atletas saludables que realiza evaluaciones gratuitas de análisis oftalmológicos, ópticos, dentales, condición física y médica.

El Voleibol es catalogado como deporte de verano. Las reglas de juego se basan en las reglas oficiales del Voleibol clásico, pero los eventos oficiales son:
1. Competición de equipo.
2. Competición modificada de equipo.
3. Competición de equipo de deportes unificados.

Y para los atletas de bajo nivel de habilidad se realizan las siguientes actividades:
1. Torneo individual de destrezas.
2. Torneos individuales de destrezas de deportes unificados.
3. Dominio de pelota en voleibol.
4. Pase de voleibol.
5. Lanzar y volear el balón.
6. Destrezas de equipo de Voleibol.

Se practica con un balón más pequeño.

IDEAS DE SU PRÁCTICA SALUDABLE

- Esfuerzo competitivo.
- Juego limpio en todo momento.
- El ejemplo por parte de los entrenadores.
- Respeto.
- Cooperación y animación.
- No mala conducta.
- Dar lo mejor de sí mismo.
- Cumplir la norma de deportividad.
- Ser positivo.
- Siempre mantenerse bajo control.

6.10 VOLEIBOL, ADHERENCIA Y SALUD

Normalmente se cree que aquella persona que inicia, practica o entrena Voleibol seguirá de forma regular o habitual en él. La adherencia es una situación que afianza al practicante o jugador a continuar en el deporte, situación que nace con todos, pero que hay que entrenarla, cultivarla, aprenderla.

Los factores determinantes de adherencia para la salud en el Voleibol son:

Factores personales

- Como la salud personal.
- La automotivación personal, que le produce el goce, la felicidad y el bienestar de estar allí.
- El compromiso personal que reta al practicante a sostenerse y no abandonar.

Factores ambientales

Que se relacionan con sus hábitos cotidianos, la actitud familiar hacia el Voleibol, las actitudes de su círculo de amigos hacia el deporte, la comodidad de practicar el Voleibol, y la influencia de los estilos de salud que cuadran con los propios.

Factores propios del Voleibol

El objetivo del deporte del Voleibol es atractivo, por lo tanto, será un factor preponderante en el practicante, para que se quede y se amañe por el bien propio. Y es que el Vóley es un deporte que acoge a todos, pues es incluyente en todo sentido, produce superación personal y autoestima elevada. Produce raíces de amistad, de entornos y crecimiento personal.

MEJORAMIENTO DE LA ADHESIÓN AL VOLEIBOL

El estímulo es la herramienta que ayuda a potenciar adherencia, en este caso será el Voleibol como motivo que atraiga y retenga al jugador. Este motivo llamado Voleibol deberá brindar estímulos, sensaciones y señales siempre positivas que deleiten a la persona y que cada que el motivo aparezca, este llame la atención el practicante. No es muy difícil que eso pase, ya que éste deporte como ya hemos visto, beneficia la salud, beneficia lo físico y beneficia la mente.

Otra herramienta potenciadora de la adhesión, son los efectos gratificantes que produce el Voleibol: alegría, premio al esfuerzo, recompensas físicas, mentales y espirituales. Consecuencias confortables que producen hábito deportivo.

LUIS GUILLERMO GARCÍA GARCÍA

6.10.1 Estrategias para prevenir el abandono y mejorar la salud en voleibol

La práctica de Voleibol que realiza cualquier persona está condicionada por aspectos que provocan satisfacción y se hace con el deseo de obtener unos beneficios, en el caso que ocupamos con la salud, que finalmente provoca un estado de ilusión que termina en hábito para el practicante.

Hay claves esenciales para jugar Voleibol:
1. Satisfacción.
2. Beneficios.
3. Ilusión.

7. JUGANDO VOLEIBOL POR LA SALUD

Una de las formas de contribuir desde el Voleibol a la salud de la población, es introduciendo nuevos juegos que podemos llamar alternativos, que tienen un fin común y es la salud, integración y bienestar y no la competición pura y exigida.

Estos deportes alternativos del Voleibol son de fácil ejecución, de habilidades sencillas, que muy pronto se asemejan a situaciones reales de juego clásico.

LISTADO DE JUEGOS DE VOLEIBOL ALTERNATIVOS

1. Voley playa.
2. Voleibol sentado.
3. Voleibol-fútbol.
4. Park Volley.
5. Bossa ball.
6. Voleibol acuático.
7. Voley-globo
8. Voley-pala
9. Voley-barrio

7.1 VOLEIBOL PLAYA

Sus orígenes datan de la década de los 20, 30 del siglo pasado en las Playas de California en Estados Unidos, de manera muy recreativa y vacacional. Ya para los 50 se jugaban torneos oficiales y en 1996 en Atlanta inicia como deporte olímpico. Actualmente es un deporte presente en todo el mundo, con millones de seguidores y es después del atletismo olímpico, lo más visto por los espectadores. Deporte que se realiza hoy en día en los más altos niveles de rendimiento y competición.

En este capítulo se hablará como deporte para la salud, para la diversión, para la integración, para el bienestar social.

El Voley playa a nivel salud se puede practicar sin las reglas oficiales, y se podrá adaptar a la población que lo práctica, es así como en el formato oficial se juega dos contra dos, en nuestra versión salud pueden tantos jugadores, como espacio lo permita. También la técnica perfecta será a la medida y nivel de los jugadores; que la competencia no sea el objetivo y por el contrario se convierta en un espacio de actividad deportiva, sana y divertida.

El terreno más apropiado para jugarlo es la arena, tierra, pasto y al aire libre, un aspecto que produce libertad y goce es el hecho de jugarse sin zapatos deportivos, con los pies al desnudo, recomendación de varios estudios la promoción de este accionar por temas rehabilitatorios de fortalecimiento y variantes propioceptores, de estabilidad articular de articulaciones inferiores. Deberá practicarse con unas normas básicas de seguridad, como hidratación, protección solar, gafas, ropa adecuada. Deporte muy apropiado para los beneficios de salud, del cuerpo físico y la salud mental.

7.2 VOLEIBOL – FÚTBOL – BOSSABALL

Impactante modalidad variante del Voleibol que mezcla el fútbol, capoeira y Voleibol. El terreno de juego es una pista de camas elásticas, colchonetas o inflables, lo que permite una gran variedad de movimientos alternos y acrobáticos, de saltos, caídos y atrapados.

Es un juego divertido, vacacional, creado por un empresario belga Filip Eyckmans, conocedor del capoeira y que llamó "Bossabal" producto de las palabras bossanova y volleyball, en 2001 jugado primero en Brasil y España y ahora es practicado en todo el mundo.

Se juega acompañado siempre de música y el juez normalmente es el director-conductor de la música y el evento.

Practicado por tres, cuatro o cinco jugadores y con la misma esencia del Voleibol, el objetivo es hacer caer la pelota al terreno del rival, aquí se dispone de hasta ocho (8) golpes por equipo. Antes de pasarlo al rival, se puede golpear con cualquier parte del cuerpo con la malla o red de por medio.

Las camas elásticas o inflables contribuyen a ejecutar jugadas y movimientos divertidos con elevaciones, que hacen del juego algo muy entretenido para los practicantes y los espectadores. El balón utilizado es el mismo balón de Voleibol playa.

7.3 PARK VOLLEY – VOLEIBOL PARKE O PLAZA

Creado por la Federación Internacional de Voleibol (FIVB) con objetivos de promoción y masificación infantil, en comunión con el medio ambiente y un contacto deportivo consciente en la naturaleza. La idea es practicarlo en prado, hierva, pasto al aire libre. Esta modalidad aparte de masificar es educativa y recreativa. Se juega con la misma esencia del Voleibol, pero es auto juzgada por los mismos jugadores, las reglas son muy flexibles.

Los partidos son cuatro contra cuatro, con sustitutos obligatorios y obligados a jugar en cualquier momento del encuentro. El terreno es más pequeño y delimitado con materiales amables a la naturaleza. Puede ser practicado en parques, fincas, campos, granjas, bosques y lo pueden practicar de 8 a 80 años, sin diferencias de sexo y edad.

7.4 VOLEIBOL ACUÁTICO

Modalidad del Voleibol que se practica desde la existencia de las piscinas, pues todo ser humano estando en un ambiente acuático lo practica, golpeando pelotas al interior con los asistentes. Por esto se armaron mallas o redes en estos medios acuáticos, para adaptar el Voleibol, se juega sin número de golpes, reglas, con la ayuda del medio acuático se contacta al balón, que será de material plástico. Modalidad deportiva, familiar, social y totalmente recreativa, que propende por la integración, esparcimiento sano, saludable y sin riesgos. El trabajo aeróbico realizado en medio acuático, es conocido por sus beneficios rehabilitatorios, de mantenimiento y recuperación física.

7.5 VOLEIBOL GLOBO

Juego predeportivo o conducente orientador de enseñanza del Voleibol, con el cual se logra aprendizaje significativo y constructivo. Fomento de las relaciones sociales, juego lúdico que produce esfuerzo individual.

Con la misma esencia del Voleibol, se practica con un globo inflado, pelotas plásticas, esto hará que el balón globo se retarde más tiempo en el aire y pueda el practicante llegar con mayor facilidad a él. Le permitirá al jugador ejecutar más tranquilo, seguro y con técnica apropiada. Este juego es muy ejecutado en eventos sociales, familiares y de rompimiento del hielo, pero lo más importante es que es un iniciador perfecto de aprendizaje, saludable como ninguno y sin riesgo para los niños.

7.6 VOLEIBOL PALA O RAQUETA

Variante del Voleibol, donde el golpeo de la pelota es con una raqueta o elemento plano, la pelota será más pequeña y cada equipo tendrá los mismos tres golpes para pasarla al campo contrario. Juego derivado del tenis y del Voleibol. Recordando que el Voleibol en sus inicios fue creado con base en el tenis. Aquí se hace un regreso del mismo.

7.7 VOLEIBOL AMBIENTES Y CLIMAS

- Voleibol submarino.
- Voleibol nieve.
- Voleibol barro.
- Voleibol Calle.

8. PREVENCIÓN DE LESIONES MÁS COMUNES EN VOLEIBOL

En el juego, práctica y compartimento del Voleibol es inevitable el tener una lesión. Por demás este deporte ha sido calificado como uno de los más seguros, por no tener contacto con el rival, aclarando que donde hay movimiento, se pueden ocasionar traumas.

Todo aquel que practique Voleibol, debe tener una comprensión detallada de las lesiones más soportadas y sobre todo de la prevención de las mismas.

Las lesiones más frecuentes en el Voleibol son: el esguince agudo de tobillo, seguido por el uso excesivo de rodilla como la tendinopatía patelar, el hombro y la región lumbar.

LISTADO DE LESIONES

- **Esguince:** lesión de ligamentos que pertenecen a la estructura de una articulación. Son fibras fuertes y muy flexibles que sostienen los huesos y cuando se estiran demasiado se pueden romper, o súper extender, con inflamación notable.
- **Tendinitis:** es la inflamación de un tendón que une el músculo con el hueso.
- **Bursitis:** bolsa que sirve para amortiguar ente los músculos, tendones y huesos, esta inflamación es en las articulaciones.
- **Lumbalgia:** dolor de la espalda en su parte baja o zona lumbar.
- **Contractura:** rigidez del músculo, tendones, ligamentos, lo cual impide la movilidad.
- **Condromalacia:** inflamación, ablandamiento o degeneración del cartílago de una articulación.
- **Rodilla de saltador:** inflamación muy frecuente del tendón rotuliano o patelar.

Conocidas las lesiones más frecuentes, se detallará la prevención más importante para evitarlas, estrategias generales que se pueden adoptar para reducir el riesgo de lesiones.

- El acondicionamiento, preparación específica y entrenamiento de la fuerza.
- El trabajo cardiovascular.
- Preparación de la potencia.
- Excelente calentamiento.
- Excelente recuperación.
- Exceso de entrenamiento.
- Descanso racional.
- Conocimiento exacto de la técnica.
- Mecanización acertada de los gestos.

EDITORIAL WANCEULEN

- Estabilidad articular, producto de un trabajo propioceptivo, mantenimiento muscular, reactivo, excéntrico y concéntrico.
- Trabajo del core o de la cintura incluyendo abdominal, lumbar.
- Rehabilitar lesiones correctamente.
- Nutrición correcta.
- Hidratación adecuada.
- Evitar la especialización muy temprana.
- Evitar los movimientos sobreindicados.
- Entrenar y practicar Voleibol de la mano de médico deportólogo, biomecánicos del movimiento, nutricionista, psicólogos, fisioterapeutas, médicos, entrenadores profesionales.

9. VOLEIBOL Y SALUD EN EL DEPORTE ESCOLAR

La salud hoy día interrumpe y se mete de lleno en los planes, currículos y entrenamiento de la educación física y el deporte escolar. La salud aparece en los planes de asignatura, en las áreas del conocimiento, pues el concepto salud es el fin de toda la actividad física y deportiva escolar.

Es importante que, desde las universidades y sus programas de Educación Física, Deportes y afines, se oriente la materia de Voleibol y de deportes en general hacia la salud y beneficios que se aportan practicando los mismos, orientaciones encaminadas a profesores, entrenadores y profesionales para que sean conocedores en salud, sea en prevención, promoción y asistencia.

Este libro es motivado por las otras facetas que están presentes en Voleibol hacia la salud y como pueden leer, este deporte está implícito y es efecto positivo en salud en lo deportivo, es allí que nuestros profesionales deben actuar y profundizar la salud.

En la actuación deportiva escolar, suceden problemas que inciden en la salud de los jóvenes como accidentes, lesiones, traumas que ocasionan el abandono de la práctica del Voleibol, esto se evitará si allí se cuenta con personal calificado y bien orientado por la academia en lo referente a la salud deportiva, evitando al máximo el entrenamiento al límite fisiológico en los jóvenes, la carga psicológica y el afán de ganar y medallas.

Desde el Voleibol y su enseñanza a los profesionales se hará énfasis en la salud deportiva escolar desde la cooperación más que en la competencia.

Se hará énfasis en los beneficios físicos y mentales.

Se hará énfasis en la prevención y promoción.

Se hará énfasis en la inclusión.

REFERENCIAS

Albarrán, M. C. (2010). Ejercicio y corazón. España. Hospital universitario Salamanca.

Almudena, F. (2005). Beneficios del Ejercicio Físico en la Colesterolemia. Madrid. Revista Asociación Española de deportes colectivos, pág. 51 numero 3.

Astrand, P. O.(2010). Manual de Fisiología del Ejercicio. España. Editorial Paidotribo.

Ayuntamiento de Madrid. (2009). Envejecimiento saludable para persona mayores. Madrid. Artes Gráficas Municipales.

Bahr, M. (2009). Lesiones deportivas. Diagnóstico, tratamiento y rehabilitación Ed. Panamericana.

Barakat, C. R. (2006). Ejercicio físico durante el embarazo. Madrid. Editorial Pearson Education.

Bartmann. U. (1991). Laufen und joggen... und seine positive. Stuttgart.

Berbel, L. (2008). Actividad física y embarazo. Valencia: http://www.entrenadorespersonalesvalencia.com/.

Bonafonte, L. (1988). Fisiología del Baloncesto. España. Archivos de Medicina del Deporte. Volumen 15 numero 68.

Buchversand, Alexander Gipp (1990). Arthrose und sport. Opfermann. A.

Chicharro, J. l. (2006). Fisiología del Ejercicio. España. Editorial Médica Panamericana.

Colectivo loé (Carlos Pereda, Miguel Ángel de Prada y Walter Actis) (2012). Discapacidades e inclusión social. Colección estudios sociales No 33. Obra Social"la Caixa".

Cristofanelli, V. (2013). Epidemiología de lesiones deportivas en el vóley

Cruz, J. (2008). Fundamentos de Fisiología Humana. Armenia. Editorial Kinesis.

Fernández G, J. (2007). La inclusión social a través del deporte. España. Escuela abierta. Dialnet-LaInclusionSocialATravesDelDeporte-2520046.pdf.

Ferretti, A. (1995). Volleyball Injuries. Federation Internationale de Volleyball, Medical Commission.

Figueroa, R. (2006). Cambios biológicos que ocurren en el organismo al practicar sistemáticamente la disciplina deportiva. Escuela internacional de educación física y deporte. Cuba.

Franz, I-W. (1986). Hipertonie und Sport. Springer, Berlin, Heidelberg-New York.

Fundación Joseph P. Kennedy Jr. Olimpiadas especiales en México 2003.

García. L. (2013). Voleibol Fundamentacion. Armenia. Editorial Kinesis.

Goyeneche, A. (2006). Envejecimiento saludable: ejercicio físico para personas mayores. Madrid: Artes Gráficas Municipales.

Hernández, R. (1987). Morfología Funcional Deportiva. Habana. Editorial Cientifico Técnica.

Hoffman, G. (1993). Sport und Hipertonie. Alemania.

Lagar, J. A. (2003). Deporte y discapacidad. España. http://www.phpwebquest.org/

Levay, D. (1999). Anatomía y Fisiología Humana. Habana. Editorial Paidotribo.

Lucas, J. (1998). El Voleibol: Iniciación y Perfeccionamiento. Barcelona. Editorial Paidotribo.

Marianne, F. (1987). Voleibol. Habana. Editorial Pueblo y Educación.

Moral, J. (2008). Prevención de lesiones. España.

Naciones Unidas. El deporte como instrumento de prevención del uso de drogas.

Oficina contra la droga y el delito, New York 2003.

Olimpiadas Especiales- Voleibol. Guía de entrenamiento.

Pesch, H.J. (1990). Der alterrsknochen als paradigm fur die individualitat des alterns.

Promover. Un estilo de vida para las personas adultas mayores. Washington, Dc 2002

Rodríguez, D. (2009). Lesiones deportivas más frecuentes en voleibol y su tratamiento. PubliCE Estándar.

Rodríguez, J. (2007). El vóley Pala: una forma de jugar entre equipos, España. Lecturas: Educación Física y Deportes.

Rodríguez, R. (2009). David. Revisión Descriptiva de las Lesiones más Frecuentes Durante la Práctica del Voleibol. PubliCE Standar. Pid: 1078

Rost, R. (1994). Sport und Gesundheit. Springer, Berlin- Heidelberg- New York.

Sánchez, P. (2009). Actividad física y deportiva en la mujer embarazada. Granada. Innovación y experiencias educativas.

Tatarinov, G. (1987). Anatomía y Fisiología Humana. Habana. Editorial Mir

Unicef, (2007). Deporte para el Desarrollo en América Latina y el Caribe. Panama.

Weineck, J. (1996). Salud, Ejercicio y Deporte. Barcelona: Editorial Paidotribo.